L'étrange affaire du 413

L'auteure

Nadya Larouche est née à Pointe-du-Lac en Mauricie. En 1992, elle concocte sa première œuvre pour la jeunesse et se découvre une véritable passion pour le genre. Elle a depuis publié une vingtaine de romans, dont *Une nuit à dormir debout* en 2002, lequel a figuré en cinquième position au Palmarès Communication-Jeunesse des livres préférés des jeunes. *L'Étrange Affaire du 413* nous ramène les mêmes héros que son roman *Les Voleurs de dinosaures*, finaliste au Prix Tamarack 2010 et au Prix Hackmatack.

Bibliographie sélective

Drôle d'oiseau !, Gatineau, Vents d'Ouest, « Vive le Vent ! », 2009.

La Disparition de Gaston, Gatineau, Vents d'Ouest, « Vive le Vent ! », 2009.

Double croche sur fausse note, Gatineau, Vents d'Ouest, « Ado », 2008.

Les Voleurs de dinosaures, Gatineau, Vents d'Ouest, « Girouette », 2008.

Sauve-moi, Gatineau, Vents d'Ouest, 2004.

Les Voyageurs de la chambre verte, Laval, Éditions Grand Duc•HRW, 2004.

Une nuit à dormir debout, Hull, Vents d'Ouest, 2002.

L'Hallucinant passage vers Krullin, Laval, HRW, 1998.

La Foire aux mille périls, Laval, HRW, 1998.

Nadya Larouche

L'étrange affaire du 413

Vents d'Ouest

aventure

collection G I R O U E T T E

Catalogage avant publication de Bibliothèque et Archives nationales du Québec et Bibliothèque et Archives Canada

Larouche, Nadya, 1956-
L'étrange affaire du 413

(Collection Girouette ; 28. Aventure)
Pour les jeunes de 9 à 12 ans.

ISBN 978-2-89537-191-5

I. Titre. II. Titre: Étrange affaire du quatre cent treize. III. Collection: Collection Girouette ; 28. IV. Collection: Collection Girouette. Aventure.

PS8573.A737E868 2010 jC843'.54 C2010-941121-8
PS9573.A737E868 2010

Nous remercions le Conseil des Arts du Canada de l'aide accordée à notre programme de publication. Nous reconnaissons l'aide financière du gouvernement du Canada par l'entremise du Fonds du livre du Canada pour nos activités d'édition. Nous remercions également la Société de développement des entreprises culturelles ainsi que la Ville de Gatineau de leur soutien.

Dépôt légal – Bibliothèque et Archives nationales du Québec, 2010
Bibliothèque et Archives Canada, 2010

Première édition : 2010 ; réimpression : 2011

Révision : Michel Santerre
Correction d'épreuves : Renée Labat
Illustrations intérieures : Paul Roux

Éditions Vents d'Ouest
109, rue Wright
Gatineau (Québec) J8X 2G7
Courriel : info@ventsdouest.ca
Site Internet : www.ventsdouest.ca

Diffusion Canada : PROLOGUE INC.
Téléphone : 450 434-0306
Télécopieur : 450 434-2627

Diffusion en France : Distribution du Nouveau Monde (DNM)
Téléphone : 01 43 54 49 02
Télécopieur : 01 43 54 39 15

Chapitre premier

Un visiteur incognito

– SALUT, lance joyeusement Maya en entrant dans la chambre d'hôpital.

Elle s'arrête pile au bout du lit. Ce qu'il a l'air étrange ainsi, Ludovic ! Son front est orné d'un énorme bandage. Une toison de cheveux en bataille s'en échappe. On dirait qu'il a un pot de mauvaises herbes sur la tête !

– Dis donc ! Regarde-moi ça… C'est super !

La fillette écarquille les yeux devant la jambe plâtrée de Ludovic.

– C'est la première fois que j'en vois un en vrai.

– Qu'est-ce qu'il y a de super là-dedans ? fait le garçon avec mauvaise humeur. Ça te plairait, toi, de finir tes vacances dans ce tuyau de poêle ?

– Ah ! ce que tu es grognon ! Tu pourrais te forcer un peu pour la visite.

– Tout le monde est venu me voir hier et samedi.

Maya ouvre de grands yeux.

– Ah, c'est ça ! Tu boudes ? Mais j'ai appris ton accident tantôt, quand on est revenues de chez grand-mère, ma cousine et moi. C'est elle qui garde pendant que mes parents sont en vacances. C'était notre fin de semaine au Saguenay, tu te rappelles ?

Ludovic se déride comme par enchantement. Il avait complètement oublié que Maya n'était pas en ville, ce week-end. Voilà donc pourquoi elle n'est pas accourue la première.

Son amie lui jette un regard malicieux. Elle fait ensuite mine de se diriger vers la porte de la chambre.

– Bon, puisque tu ne veux rien me raconter, je reviendrai ce soir, avec Josée. Tu es peut-être fatigué…

Ludovic amorce bien vite son récit. Il ne veut surtout pas qu'elle s'en aille.

– C'est un accident bête. Je roulais tranquillement sur Saint-Sulpice. Quand j'ai voulu tourner en face du dépanneur – tu sais, celui en bas de la côte –, une voiture a heurté ma roue arrière. J'ai fait un vol plané pour aller atterrir sur le trottoir, deux mètres plus loin. Ma bicyclette a fini sous les roues de la voiture ; c'est une perte totale, comme dirait papa.

Maya se retient pour ne pas rire. Le père de Ludovic est dans les assurances.

– Laisse faire ta bicyclette. De toute façon, tu en voulais une neuve. L'important c'est que toi tu sois en un seul morceau. Ou presque. Est-ce que ça fait mal ?

Ludovic se sent presque obligé de faire une petite grimace. Cela va de soi lorsqu'on a la jambe dans le plâtre et la tête bandée.

– Ça s'endure. Mais ç'aurait pu être pire. Un monsieur qui m'a secouru m'a dit que j'aurais pu me rompre tous les os du corps. Une chance que j'avais mon porte-bonheur.

Ludovic caresse le pendentif qu'il porte toujours au cou.

– Que tu es superstitieux ! rigole Maya en douce. Porte-bonheur ou pas, tu es quand même à l'hôpital.

– Oui et c'est vraiment plate, ici ! Il n'y a rien à faire. J'ai relu trois fois la même bande dessinée.

– Tiens, je t'ai apporté un sac de billes pour te changer les idées. Ce sont les plus jolies que j'ai pu trouver.

Ludovic desserre les dents. Les billes, c'est sa passion. Après la balle molle et les dinosaures, bien entendu. Il les collectionne depuis des années.

Il se redresse, prenant appui sur la montagne d'oreillers empilés contre la tête du lit.

– Wow ! Tu parles de belles couleurs, s'écrie-t-il, pétrissant le sac de plastique transparent entre ses doigts. Elles sont vraiment spéciales.

Il en sort une et la fait rouler entre le pouce et l'index, en direction de la fenêtre. La boule de verre capte un rayon de soleil. Elle lance des taches colorées un peu partout dans la pièce.

– On dirait un prisme, tu ne trouves pas ? demande Maya.

– Un prisme ? Qu'est-ce que c'est ?

– À quoi tu penses, toi, pendant les cours ? Le prof l'a expliqué en classe juste avant les vacances. C'est une pièce de cristal taillé qui décompose la lumière en plusieurs couleurs.

– Ah oui ! Je me souviens. Un peu comme l'arc-en-ciel à travers les gouttes de pluie. Merci Maya pour ton cadeau. Elles sont très belles.

Ludovic soupire et remet la bille dans sa pochette de plastique.

– Tu n'as pas l'air content.

– Oui, oui ! Seulement, je me demande quand je pourrai y jouer, aux billes. Avec ce plâtre, ça ne sera pas facile.

– Qu'est-ce que dit le docteur ? Combien de temps vas-tu devoir porter ça ?

– Oh, tout un mois ! C'est un os qui est cassé dans ma jambe. Le péroné.

– Et ce bandage ? Pourquoi ils te l'ont fait ?

– Je me suis cogné la tête en tombant. J'ai une entaille sur le front. Le docteur a dû me faire des points de soudure.

Maya pouffe de rire. Car elle imagine le médecin avec sa torche à souder en train de soigner Ludovic.

– Des points de suture, le reprend-elle. Pas de soudure.

– Bon, bon, c'est pareil.

Maya se mord la lèvre pour ne plus rire. Son ami est un peu susceptible aujourd'hui.

– Et tu restes ici combien de temps ?

– Le docteur voulait juste me garder en observation un jour ou deux, annonce Ludovic, ragaillardi. Je sors demain.

– Bon débarras, claironne tout à coup une voix derrière le rideau. Vous avez fini de jacasser ? Je veux dormir moi !

Maya sursaute. Elle regarde Ludovic, franchement étonnée.

– Oh, ce n'est pas une chambre privée ?

Le rideau glisse d'un coup sec sur le rail du plafond dévoilant un garçon à l'air insolent. Il tient l'écran de tissu d'une main, tandis que de l'autre, il brandit le pouce en l'air comme pour signaler un bon coup.

– Bravo ! Tu as trouvé ça toute seule ? se moque le nouveau venu.

Maya se rebiffe. Elle sent que le voisin de lit de Ludovic ne va pas trop lui plaire !

– Dis donc... Tu n'as pas besoin de monter sur tes grands chevaux. Je ne pouvais pas savoir que tu étais là. Et puis, il est un peu tard pour dormir non ? Il est déjà onze heures.

Le garçon saute en bas du lit et enfile sa robe de chambre.

– Et puis après ? Ce n'est pas de tes affaires. Est-ce que je te dis à quelle heure tu dois te brosser les dents, moi ?

Le garçon passe près de Maya, le nez en l'air, et sort de la chambre.

– Non, mais, tu as entendu ça ? Quelle mouche l'a piqué ?

Ludovic hausse les épaules.

– Personne ne lui a rendu visite, à part sa mère qui est passée en courant à peine deux minutes. Alors que moi, j'ai tout plein de gens qui sont venus me voir déjà. Je crois qu'il est un peu jaloux.

– Pas surprenant qu'il n'ait pas de visiteurs, renifle Maya. Il a un vrai caractère de chien.

– Ses parents sont très riches et très pris, continue Ludovic. Ils ne peuvent pas lui consacrer plus de temps.

– Comment tu le sais ? Il n'a pas l'air très jasant.

– Oh, quand c'est pour se vanter, il ne donne pas sa place ! Son père est directeur d'une grande banque. Et sa mère présidente d'un club important. Je ne sais pas si c'est son travail, mais ça l'occupe beaucoup. Ils ne sont jamais à la maison.

– Pourquoi ils n'ont pas pris de chambre privée s'ils sont tellement fortunés.

– Il n'y en avait plus. J'ai entendu deux infirmières qui parlaient entre elles. Il paraît que sa mère était dans tous ses états quand elle a appris la chose. En tout cas, Patrice n'est pas plus commode qu'elle, c'est sûr. Si tu avais vu la crise qu'il m'a faite tout à l'heure ! J'ai dû changer de place avec lui. Il voulait absolument être près de la fenêtre.

Maya se laisse tomber sur le lit de l'enfant gâté, un peu par provocation, au cas où il reviendrait. Son orgueil en a pris un coup. Elle n'a pas l'habitude de se faire rabrouer aussi vertement.

– Quel casse-pieds ! persifle-t-elle.

– Il me fait pitié au fond.

– Comment ça, pitié ? s'étonne Maya.

– Il n'a pas d'amis.

– Eh bien, c'est de sa faute, non ?

La fillette réfléchit un moment aux paroles de Ludovic. Comme la vie doit être ennuyante lorsqu'on n'a personne avec qui partager de magnifiques journées de vacances. Elle ressent tout à coup une pointe de sympathie pour le déplaisant garçon.

– C'est vrai ? Pas d'amis du tout ?

– Il étudie dans une école privée, loin d'ici. Il ne connaît pas de jeunes de notre âge en ville.

– C'est triste, admet Maya.

– Oui, mais on n'y peut rien.

Ludovic glisse un stylo entre le plâtre et sa jambe.

– Qu'est-ce que tu fais là ?

– Je me gratte. Ça pique terriblement.

– Eh, dis donc ! s'exclame Maya. Qui a gribouillé tous ces trucs sur ton plâtre ?

– C'est une tradition, voyons ! Ceux qui me visitent doivent signer leur nom et écrire un petit mot.

– Oh, c'est dommage que mes parents soient en Europe ! glousse Maya. Tu connais ma mère. Elle aurait rempli ton plâtre à elle toute seule.

Le garçon lui tend le stylo-grattoir.

– Tiens, c'est à ton tour.

– Attends. Laisse-moi lire les messages des autres : « Bonne chance » et c'est signé Étienne. Il n'a jamais été très original, cet Étienne ! commente Maya.

Elle reprend sa lecture.

« Les bicyclettes, ça se remplace, mais pas les fils extraordinaires comme toi. » Maman. « Tu parles d'une façon de te faire remarquer ! Hi, hi ! » Collin. « Tu as tellement la tête dure… Je suis sûre que tu as cassé le trottoir. » Marie-Maxime. « Ne fais pas enrager les infirmières surtout. » Papa. « Ne t'inquiète pas. Je te promènerai en brouette. » Jean-Sébastien. « Ça t'apprendra à tenir ton guidon ! » Jacinthe. « Je te souhaite un prompt rétablissement. » Chloé. « Garde le plâtre. On en fera un pot à fleurs. » Antoine. « Il paraît qu'à l'hôpital, il y a du Jell-O pour dessert. Beurk ! » Pierre-Olivier.

Maya se tord le cou pour arriver à lire le dernier commentaire.

– C'est tout, dit Ludovic. Il n'y en a pas d'autres.

– Ah non ? Et celui-là ? demande Maya.

Elle se penche davantage pour mieux déchiffrer un griffonnage fait à l'encre bleue, sur le côté du mollet.

– « Pour toi, Binoche. » Hou là là ! C'est bien la première fois que j'entends ce surnom ! Qui t'appelle Binoche ? s'esclaffe Maya. Ce n'est pas signé.

Le regard surpris de Ludovic s'attache à l'endroit que désigne son amie, sur le plâtre.

– Aucune idée. C'est la première fois que je vois ce message !

Chapitre II

Abracadabra !

MAYA pousse la grande porte vitrée. Une odeur de médicaments lui assaille aussitôt les narines. Ça ne manque jamais ! Les hôpitaux sentent les médicaments dans leurs moindres recoins. Même au comptoir d'information ! Même dans les toilettes ! Même dans les bouquets de fleurs vendus à la boutique de l'entrée. Et on dirait aussi que le personnel se parfume au peroxyde et à la teinture d'iode !

La fillette cache le contenant de plastique qu'elle a apporté sous son blouson. Pas question que le morceau du fabuleux gâteau de Josée prenne une odeur de désinfectant, lui aussi. Ludovic serait trop déçu. D'autant plus que son copain Pierre-

Olivier avait tout à fait raison. Ils servent du Jell-O pour dessert, à l'hôpital. Maya l'a constaté quand l'infirmière a déposé le plateau du dîner, hier midi.

L'ascenseur est encore bloqué au troisième. Maya attend une minute. Deux minutes. Au bout de cinq minutes, l'impatience la gagne. Pas possible ! C'est un étage de tortues, le troisième ! Bon. Va pour l'escalier !

Elle monte deux par deux les marches qui mènent au quatrième. Elle imagine l'air que doit avoir Ludovic sous le pansement blanc. Il est sans doute drôlement content de retourner chez lui, ce soir, après le souper. Sa chambre, rue Poirier, est beaucoup plus agréable que la petite pièce étouffante du quatrième étage. Et, en plus, il n'y a pas d'enquiquineur dans le lit d'à côté.

Maya pousse la double porte, sur le palier du quatrième étage. Lorsqu'elle tourne le coin de l'aile A, elle constate que M. et Mme Corbeil, les parents de Ludovic, se trouvent au poste de garde. C'est assez surprenant puisque, normalement, ils travaillent tous les deux les jours de semaine. Mme Corbeil a la tête appuyée contre son mari qui se tient debout à côté d'elle. Il lui caresse les cheveux d'un geste mécanique. Ils ont l'air tous les deux absolument catastrophés.

Ça par exemple ! Qui aurait cru qu'ils seraient à ce point découragés de ramener Ludovic à la maison ?

Quand il aperçoit Maya, M. Corbeil accourt à sa rencontre. Sa femme en tombe presque en bas de la chaise.

– Maya ! s'exclame-t-il, la voix curieusement chevrotante. Viens ici, ma petite. Il faut que tu saches... J'ai une très mauvaise nouvelle à t'annoncer.

– Oui, c'est terrible, pleurniche Mme Corbeil, toujours écroulée sur son siège. Terrible.

Maya avale de travers. Un étau lui serre soudain la gorge. Est-il arrivé quelque chose à Ludovic ?

M. Corbeil entoure les épaules de la fillette d'un bras paternel. Son autre main se pose sur sa tête, dans le même manège que tout à l'heure.

– L'hôpital nous a appelés, tôt ce matin. Nous avons accouru immédiatement. Quand l'infirmière est entrée dans la chambre vers six heures, Ludovic n'était pas dans son lit.

– Pas dans son lit ? répète Maya.

– Non. Elle a d'abord cru qu'il était aux toilettes. Lorsqu'elle est revenue pour porter les plateaux de déjeuner, elle a dû se rendre à l'évidence : il n'était plus là, pas plus qu'ailleurs à l'étage. Tout le personnel du poste de garde s'est mis à sa recherche. En vain. Il est resté introuvable. Personne ne peut expliquer son absence. Ludovic a tout simplement disparu.

Maya n'en croit pas ses oreilles !

– Il nous a probablement joué un tour pour se changer les idées, suggère-t-elle piteusement. C'est si ennuyant d'être là, à ne rien faire.

M. Corbeil secoue tristement la tête.

– Non. Le personnel a fouillé l'hôpital de fond en comble. Aucune trace. Et il n'a pas pu marcher bien loin sans ses béquilles.

Mme Corbeil triture nerveusement la bandoulière de son sac à main.

– Il n'est pas sorti par la porte de l'urgence. Le personnel n'aurait pas laissé partir un garçon avec une jambe dans le plâtre.

– Et il ne possédait pas les codes de sécurité pour déverrouiller les portes. Il n'a pas pu traverser du côté des ailes secondaires en pleine nuit.

– Les policiers sont ici, sanglote Mme Corbeil. Ils cherchent des indices qui pourraient nous éclairer. Oh, tout ceci est horrible !

Son mari retourne vers elle pour tenter de la consoler. Maya demeure plantée là, un long moment, en proie à une affreuse inquiétude. Néanmoins, son naturel optimiste finit par reprendre le dessus.

– Il y a sûrement une explication logique à tout cela, s'encourage-t-elle. Personne n'a pu vouloir faire de mal à Ludovic. Il est tellement gentil.

Elle profite de ce que M. et Mme Corbeil ne s'occupent plus d'elle pour se diriger vers la chambre de son ami. Une plaquette de laiton est vissée au-dessus de la porte : numéro 413. Pauvre Ludovic ! Le chiffre 13 ne lui a pas porté chance. Où est-il en ce moment ? Qu'a-t-il bien pu advenir de lui ?

À l'intérieur de la chambre, deux policiers discutent à voix basse. Maya se glisse derrière eux sans se faire remarquer.

– C'est sûrement à cause de ce coup, fait l'un d'eux dans un hochement de tête.

Il reprend son inspection du placard. Il s'étire sur la pointe des pieds pour regarder sur la tablette du haut, lampe de poche à la main.

– Je ne vois pas d'autre explication, répond l'autre.

– Son coup sur la tête ? demande Maya. C'est ça votre explication ?

Les deux hommes sursautent et se retournent vivement.

– Que veux-tu, petite ?

– Je suis la meilleure amie de Ludovic. Que lui est-il arriv… Eh, je vous connais ! Vous êtes l'agent Louis ! Et vous, l'agent Charles !

Ce dernier relève son képi du pouce, l'air aussi étonné que Maya.

– Mais c'est notre petite détective du musée* ! Je ne rêve pas.

L'agent Louis assène une violente tape sur l'épaule de son collègue. Le geste l'envoie valser au fond du placard.

– Je te l'avais pas dit, Charles, que le papa du garçon avait un visage familier. Voilà pourquoi !

– Pour sûr, Louis.

L'agent Charles, la casquette de guingois, peine à s'extirper du placard. Maya lui tend une main secourable. Si les circonstances n'étaient pas si dramatiques,

---

* Nadya Larouche, *Les Voleurs de dinosaures*, Vents d'Ouest, 2008.

elle poufferait de rire à retrouver les maladresses du curieux tandem.

– Alors ? fait-elle, lorsque le policier est remis sur pied, d'après vous, qu'est-il arrivé à Ludovic ?

L'agent Louis porte la main à la gaine de son arme de service. Il essaie de se faire passer pour plus impressionnant qu'il ne l'est en réalité.

– On ne peut rien dire pour l'instant, répond-il d'un air entendu. L'enquête suit son cours.

– Oui, je sais, c'est toujours ce qu'ils disent à la télévision. Mais vous avez bien une idée, non ? Soyez gentils, vous savez que Ludovic est mon ami.

Les deux policiers ont l'air embarrassé. L'agent Charles fait mine de se passionner tout à coup pour le lit, près de la fenêtre, où les draps sont parfaitement tirés.

– Tiens, l'autre garçon est parti, remarque Maya.

– Oui. Ses parents l'ont envoyé chercher tôt ce matin.

– Ah ? Curieux ! Je croyais qu'il devait sortir demain seulement.

L'agent Louis se racle la gorge.

– Écoute, petite. Je sais que tu es très secouée, mais on ne peut rien dire. Secret professionnel, en quelque sorte.

– Moi, je crois que Ludovic a été transféré dans une autre aile par erreur. Ou dans un autre hôpital, peut-être. Il n'est quand même pas parti tout seul.

– Oh, un traumatisme crânien peut vous faire faire de drôles de…

L'agent Charles reçoit un coup de coude bien senti de son collègue. Il se tait immédiatement.

– Bon, tu nous excuseras, petite, lâche un peu brusquement l'agent Louis. Nous devons maintenant interroger les infirmières de nuit.

Il fait un signe non équivoque à son collègue. Les deux policiers saluent Maya et s'éloignent.

– À quoi riment leurs simagrées ? Je sais bien que Ludovic est tombé sur la tête, mais il n'a tout de même pas perdu la boule.

Maya fait distraitement le tour du lit de son ami. Soudain, quelque chose de brillant attire son attention au creux des couvertures.

Maya plonge la main dans les draps défaits.

– Tiens. Une des billes que je lui ai données. Il a dû l'échapper.

Elle frotte le morceau de verre sur sa manche. Elle le fixe intensément comme si elle espérait y découvrir son copain.

– Oh, ma boule de cristal ! murmure-t-elle. Dis-moi, dis-moi… Où est donc Ludovic ?

Chapitre III

Comme dans les films

– MERCI Antoine. Tu es gentil de m'avoir emmenée.

Le jeune homme tapote tristement le bras de sa passagère.

– C'est la moindre des choses Maya. J'espère que ces gens pourront nous aider à retrouver Ludovic sain et sauf.

Antoine, c'est le grand frère de Ludovic. Il a dix-neuf ans. D'habitude, il est toujours joyeux. Mais pas aujourd'hui. Il est vraiment trop affecté par la disparition inexplicable de Ludovic. Ces deux-là s'entendent à merveille. Et comme il est l'aîné de la famille, Antoine se sent toujours un peu responsable du plus jeune.

– Tu veux que j'aille avec toi ? demande-t-il.

– Non. Repasse plutôt me prendre dans une heure. D'accord ?

– Comme tu veux, fait Antoine, sans entrain. Salut.

Il faut vraiment que le frère de Ludovic soit très perturbé ! Autrement, jamais il n'aurait accepté de laisser Maya seule dans un coin si peu fréquenté.

La fillette descend devant un portail de fer forgé prétentieux, bordé par la forêt. Antoine met aussitôt son antique Datsun en marche. La voiture s'éloigne en pétaradant.

L'adresse est inscrite sur un panneau de bois fixé sous le fanal d'un lampadaire. Maya la lit à nouveau pour s'assurer qu'elle est au bon endroit.

– « Le Refuge des anges, 12 529, boulevard de l'Aurore. » C'est bien ici.

Il lui a fallu faire preuve de beaucoup d'imagination et de persuasion pour obtenir cette adresse des infirmières de service. Heureusement, les adultes accordent souvent aux enfants ce qu'ils refuseraient aux plus vieux.

Maya passe les portes de l'immense grille, près desquelles s'élèvent de magnifiques hydrangées. Elle s'engage dans une allée asphaltée où poussent des arbres parfaitement alignés. Le chemin débouche sur un petit parc privé. À gauche, il y a un étang où cancanent des tas de canards. De l'autre côté, des milliers de fleurs agrémentent les rocailles.

– Oh ! murmure soudain Maya, impressionnée. C'est ça, le « refuge » ?

Au bout du parc se dresse une grande maison de pierres à trois étages. Une maison ? Non, plutôt un petit château !

– Incroyable. Ils doivent se perdre là-dedans.

Maya monte les marches du perron ; il fait presque un étage à lui tout seul.

La visiteuse cherche en vain la sonnette. Au beau milieu de la porte trône une tête de lion en bronze.

– On doit frapper avec ça, j'imagine.

Maya soulève la pièce mobile de la mâchoire du lion. Elle frappe plusieurs coups. Le son se perd parmi les coin-coin des canards.

Des pas affairés se font entendre à l'intérieur du manoir. Quelques secondes plus tard, la lourde porte pivote sur elle-même. Une dame à l'air sévère se présente devant Maya ; elle la détaille de haut en bas. L'assurance de la fillette faiblit un peu à se voir ainsi toisée.

– Oui ? Qu'est-ce que c'est ?

La visiteuse s'efforce de répondre d'un ton naturel.

– Euh, bonjour, madame Dumouchel. Je suis une amie de Patrice et…

La femme interrompt sèchement sa vis-à-vis, l'air hautain.

– Mme Dumouchel n'est pas à la maison en ce moment. Je suis la gouvernante.

– Ah bon, excusez-moi, bredouille Maya. Euh… Je suis une amie de Patrice. Je suis venue le voir. Je peux entrer ?

Nouvelle inspection, de haut en bas et de bas en haut. La femme a les sourcils relevés en accents circonflexes sceptiques. Elle semble trouver peu probable que le dénommé Patrice fréquente une fillette aussi importune.

– Une amie ? Vraiment ?

Maya sent encore ramollir sa détermination sous le regard sévère.

– Mais oui, chuchote-t-elle presque.

– Et quel est votre nom ? interroge la pimbêche.

– Maya.

– Un instant. Je vais voir s'il peut vous recevoir.

Avant même que Maya ait pu mettre un pied dans la pièce, la porte s'est refermée.

Maya imite le ton pointu de la dame.

– « Je vais voir s'il peut vous recevoir. » Hum ! C'est bien la première fois que quelqu'un me dit vous. On aurait juré qu'elle parlait à ma mère.

Quelques minutes s'écoulent. Maya commence à s'inquiéter sérieusement. Elle se rend compte que sa démarche est extravagante.

– Je n'aurais pas dû faire comme si j'étais une amie. Mon nom ne lui dira rien du tout. Ils vont m'envoyer promener, c'est sûr.

Quand la femme ouvre à nouveau la porte, Maya est plus morte que vive. Cette fois-ci, cependant, le cerbère a les lèvres un peu moins pincées.

– C'est bon, vous pouvez entrer.

Eh bien ! Voilà qui est plutôt étonnant ! Qu'est-ce qui a bien pu décider Sa Majesté Patrice à accorder une audience à une inconnue ?

– Suivez-moi, poursuit la dame.

Maya ne lâche pas sa guide d'une semelle. Elles traversent un grand hall sur lequel s'ouvre un immense escalier ; sa balustrade de fer forgé fait penser à un décor de film. Les pas résonnent sur le carrelage du grand hall, particulièrement ceux de la pimbêche puisque ses talons sont ferrés de métal.

– « Elle a dû être danseuse à claquettes, dans sa jeunesse ».

Cette pensée saugrenue menace Maya d'un fou rire. Elle se mord l'intérieur de la bouche pour s'empêcher de pouffer.

La femme monte à la hâte les marches qui mènent au deuxième. On dirait qu'elle passe sa vie à courir !

Elle précède Maya dans un long corridor assez sombre, puis elle s'arrête finalement devant l'avant-dernière porte et l'entrouvre.

– Voilà. Patrice vous attend, annonce-t-elle avant de s'éloigner de son pas rapide.

Maya pousse la porte davantage. Un garçon est assis devant son ordinateur, face à la fenêtre.

– Salut, dit-il sans tourner la tête.

Maya prend son courage à deux mains et s'avance dans la pièce.

– Salut, répond-elle. Nous nous sommes rencontrés à l'hôpital hier et je...

– Oui, je sais, la coupe-t-il sans délaisser son appareil. Je t'ai vue arriver dans l'allée en bas. Je t'ai reconnue.

– Ah bon ! Je croyais que tu refuserais de me voir. Je ne suis pas tout à fait une de tes amies.

Le garçon donne un élan à sa chaise qui pivote follement. Maya voit passer le visage narquois au moins trois fois avant que Patrice s'immobilise enfin vis-à-vis d'elle.

– C'est vrai. Mais j'ai si rarement des visiteurs. Je ne peux quand même pas les renvoyer quand ils se présentent. Tu es venue à pied ?

– Non, c'est un ami qui m'a emmenée, répond nerveusement Maya devant le regard inquisiteur du garçon. Normalement, je n'ai pas le droit de m'éloigner, mais c'est ma cousine qui me garde pendant que mes parents sont en Europe. Elle est vraiment « cool » et…

Patrice lui coupe la parole.

– Qu'est ce que tu me veux ?

Le garçon a repris le ton cassant qu'il avait à l'hôpital. Décidément, il a le don de mettre ses interlocuteurs dans leurs petits souliers.

– C'est au sujet de Ludovic, dit Maya en respirant par le nez. Tu sais, mon copain qui était dans la même chambre que toi…

– Oui, oui, l'interrompt à nouveau son hôte. Je ne suis pas stupide. Alors ?

Ce Patrice est vraiment le garçon le plus détestable que Maya ait jamais rencontré.

– Alors, il a disparu.

Le garçon bâille longuement comme si le sort de Ludovic ne pouvait l'indifférer davantage. Il s'extrait de son fauteuil et prend un jeu électronique sur son lit. Il presse les boutons, l'air blasé.

– Je suis au courant. C'est pour ça que mes parents m'ont envoyé chercher, si tu veux savoir. À cause de la disparition de Ludovic.

Là, Maya n'y comprend rien du tout.

– Je ne vois pas le rapport.

– Tu en verrais un si tu savais pourquoi Ludovic a disparu.

– Personne ne le sait, réplique Maya. Ni moi, ni les parents de Ludovic, ni les policiers. Oh, ils ont bien une petite idée, mais elle est plutôt idiote.

Patrice regarde sa visiteuse d'un air supérieur.

– Oh, tu ne sais pas ! Ils ne savent pas… Mais moi je sais.

– Tu sais ? Et tu sais quoi au juste ? interroge Maya d'un ton de défi.

Patrice fait une pause de quelques secondes pour préparer son effet.

– Eh bien ! je sais exactement pourquoi Ludovic a été kidnappé !

Chapitre IV

Du plaisir en perspective

KIDNAPPÉ !

Maya observe Patrice un moment, la bouche ouverte sur un « oh » d'étonnement muet. Elle a les yeux si écarquillés que ses paupières sont douloureuses.

Ce garçon sait-il vraiment quelque chose ou invente-t-il des histoires pour se rendre intéressant ?

– Pourquoi quelqu'un aurait kidnappé Ludovic dans une chambre d'hôpital ? demande la fillette, revenant de sa surprise. C'est complètement fou.

Patrice hausse les épaules.

– Ça me paraît très logique, au contraire. En fait, tout se tient…

Le garçon laisse sa phrase en suspens, apparemment concentré sur son jeu électronique. Maya s'empêche à grand-peine de l'encourager à continuer. Il est déjà si prétentieux, elle ne va pas lui donner l'impression qu'elle est pendue à ses lèvres. Même si c'est le cas.

Patrice enfonce brusquement le bouton de fermeture du jeu électronique ; il est déçu de la réaction plutôt tiède de Maya.

– Les ravisseurs ont une excellente raison, annonce-t-il. En fait, ils ont enlevé ton copain pour demander une rançon.

L'effet est réussi, cette fois. Maya tombe des nues.

– Une rançon ? Tu veux dire qu'ils l'ont kidnappé pour de l'argent ?

Patrice hoche la tête, un sourire goguenard au coin des lèvres.

– C'est en général ce qu'on entend par « rançon ».

Maya juge l'idée ridicule.

– Allons donc ! s'esclaffe-t-elle. Ludovic a cinq dollars d'argent de poche par semaine. Personne n'enlèverait quelqu'un pour si peu.

Patrice fait sauter son appareil électronique d'une main à l'autre dans un mouvement de pendule.

– Ludovic n'a peut-être pas beaucoup d'argent à lui, mais moi j'en ai. Ou, du moins, mes parents en ont. Ils sont très riches, mes parents.

– Allons donc ! ne sait que répéter Maya ne voyant pas trop où il veut en venir.

Patrice ouvre la porte de sa chambre et appelle, péremptoire :

– Mimi. Mimi.

Le bruit sec des talons ferrés croît précipitamment dans le corridor. La gouvernante – au nom plutôt surprenant pour quelqu'un d'aussi féroce – apparaît dans le chambranle.

– Est-ce exact d'affirmer que mes parents sont très riches, Mimi ?

La femme est probablement habituée aux excès du garçon. Elle ne semble pas s'offusquer qu'il l'ait dérangée pour une question aussi saugrenue.

– Oui, sans aucun doute.

– Tu vois, fait Patrice d'un ton amer, après avoir renvoyé la pimbêche. Ils ont vraiment beaucoup d'argent.

Décidément, ce garçon est bien difficile à suivre !

– Bon, d'accord, ils sont riches, admet Maya. Et qu'est-ce que cela vient faire dans notre histoire d'enlèvem…

La fillette se tait tout à coup, car une image s'impose à elle. Deux lits vides. Côte à côte. Celui de Ludovic. Celui de Patrice.

Puis les mots de Ludovic lui reviennent en mémoire : « J'ai dû changer de lit avec lui. Il voulait absolument être près de la fenêtre. »

Maya se tape le front.

– Ça par exemple ! s'exclame-t-elle. Je comprends maintenant. Ils l'ont pris pour toi parce que vous aviez échangé vos lits. C'est toi qu'ils voulaient enlever.

– Bon. Tu n'es pas si bête après tout, fait Patrice d'un air presque admiratif.

– Merci pour le compliment, réplique Maya encore tout étourdie de sa découverte.

Les pensées se bousculent dans sa tête. Sans même s'en rendre compte, elle se laisse tomber sur le lit de Patrice.

– Alors, comme tu peux voir, reprend Patrice, rien ne sert de s'énerver.

– Comment ça, rien ne sert de s'énerver ?

– Quand les kidnappeurs vont s'apercevoir de leur erreur, ils libéreront ton ami, c'est sûr.

Maya donne une claque sur le lit, du plat de la main. Lorsqu'elle s'aperçoit de son sans-gêne, elle se relève précipitamment, le rouge aux joues.

– Je crois plutôt qu'ils seront très en colère de s'être trompés. Et que feront-ils de Ludovic s'il ne leur sert plus à rien ? s'inquiète-t-elle.

Patrice se gratte la tête.

– Tiens, je n'avais pas pensé à ça.

Maya regarde son hôte. Il n'avait pas pensé à ça ? Pas possible ! Il doit être humain après tout !

– Si au moins on avait un indice, soupire Maya. Rien qu'un tout petit indice.

– Eh bien ! moi, j'en ai un ! chantonne Patrice.

La fillette se précipite vers lui.

– Quoi ? Qu'est-ce que tu attendais pour le dire ? C'est quoi, ton indice ? Tu as pu voir les kidnappeurs ?

– Et là ! Un instant ! ordonne Patrice, une main en l'air. Je te le donnerai à une condition.

– Laquelle ? s'énerve Maya.

– À la condition que j'enquête avec toi. Où tu vas, j'y vais aussi.

Maya ouvre de grands yeux ronds. Comment ? Il lui faudrait traîner avec elle ce garçon si peu aimable ?

Elle se met à arpenter la chambre.

– Voyons, c'est impossible, balbutie-t-elle faiblement. Tu viens à peine de sortir de l'hôpital. Ce n'est sûrement pas une bonne idée d'aller courir…

Mais Patrice tient bon.

– Tut, tut, l'interrompt-il. Je suis en pleine forme. Mes parents pensaient que j'avais bu du nettoyant à plancher par erreur. C'est pour ça que je me suis retrouvé à l'hôpital.

Maya s'immobilise devant la fenêtre.

– Ce n'était pas vrai ?

Le garçon balaie de petites poussières imaginaires sur la manche de son chandail.

– Euh… Bien pas tout à fait, répond-il, légèrement embarrassé. Ils ne sont jamais à la maison. Je voulais juste qu'ils s'occupent un peu de moi, tu comprends. Au lieu de ça, ils m'ont expédié là-bas.

– Mais c'est très mal de leur avoir fait une telle peur, gronde Maya.

Elle observe Patrice avec étonnement. Quel curieux garçon ! Un moment il est arrogant. L'instant d'après, il a l'air piteux d'un petit chien abandonné.

– Alors ? reprend Patrice, la voix remplie d'espoir.

– Alors quoi ?

– Tu le veux mon indice ou tu ne le veux pas ?

Maya se penche à la fenêtre. Elle regarde les rocailles impeccables, en bas. Les canards qui cancanent, faisant exactement ce qu'on attend d'eux. Les arbres qui jettent juste ce qu'il faut d'ombre sur l'allée droite comme un i. Et, soudain, cette perfection lui paraît désespérément ennuyeuse. Elle aurait envie d'y mettre un désordre réjouissant. De faire un pied de nez coquin à la gouvernante à claquettes.

Elle jette un coup d'œil à Patrice, qui est resté près du lit. Pauvre garçon ! Il se sent sans doute bien seul dans ce décor avec pour unique compagnie son ordinateur et Mimi la pimbêche. Il y a de quoi rendre n'importe qui déplaisant. Sauf que l'idée de le trimballer avec elle partout où elle va ne lui sourit pas vraiment. Mais, bon, il faut bien commencer l'enquête quelque part.

– D'accord, se résigne t-elle. J'accepte ton marché. C'est quoi, ton indice ?

Le visage de Patrice s'épanouit. Il sourit de toutes ses dents. Cela le rend beaucoup plus attrayant, comme associé.

– Eh bien..., commence-t-il sur un ton de confidence. La nuit dernière, des bruits de pas m'ont réveillé. Quelqu'un marchait de l'autre côté, près du lit de Ludovic. J'ai vu des petits rayons de lumière filtrer à travers le rideau, comme si le marcheur se servait d'une lampe de poche. À un moment donné, la lumière lui a éclairé les pieds. Et c'est alors que j'ai vu… que j'ai vu…

– Quoi donc ? fait Maya.

– Une grande tache de naissance sur la cheville, juste en bas du bord de pantalon.

Le garçon hoche la tête à plusieurs reprises, très content de lui.

– Une tache de naissance ? répète Maya, incrédule.

– Oui. Elle avait presque la forme d'un croissant de lune.

– Et c'est tout ?

– C'est déjà pas mal, non ?

Maya soupire. Elle regrette déjà d'avoir accepté le marché.

– Pas mal ? Oh, si on veut ! Il y a 500 000 habitants dans cette ville. Alors, ça nous fait un million de chevilles à examiner !

Chapitre V

On brasse de grosses affaires

LA VIEILLE DATSUN s'arrête, toussant et crachant, près de la Banque d'économies et de placements. Quelques hommes d'affaires pressés s'immobilisent un instant devant l'immense porte de bronze. Ils sont curieux de voir ce qui fait tout ce tapage.

– Qu'est-ce qu'ils ont à nous regarder ? demande Antoine. Ils n'ont jamais vu ça, une bagnole ?

– Je crois surtout qu'ils n'en ont jamais entendu une pareille, ricane Patrice.

Maya ouvre la portière.

– Pas de temps à perdre. On a une enquête à terminer. Merci pour le coup de main, Antoine.

– Il n'y a pas de quoi. Faites-moi signe si vous avez encore besoin de mes services.

Les deux associés atteignent le parvis de l'institution bancaire. Antoine les interpelle alors au-dessus de la vitre baissée, côté passager.

– C'est chouette, ce que vous faites. Quand on aura retrouvé Ludovic, je lui raconterai combien vous… comment vous…

Le grand jeune homme ne peut continuer, submergé par l'émotion. Il fait un vague signe de la main. Il se tourne ensuite vers le volant pour qu'ils ne voient pas ses yeux humides.

Maya et son compagnon regardent s'éloigner la Datsun ; la vieille automobile renâcle comme si elle se mettait au diapason de son propriétaire. Antoine et le bolide disparaissent au coin de la rue.

– J'espère qu'il a des mouchoirs, fait Patrice.

Maya se tourne vers le garçon, prête à le gronder. Mais, pour une fois, il ne semble pas avoir envie de se moquer. Il paraît même un peu remué.

La détective en herbe saisit la poignée de l'immense porte de bronze et la tire à elle. Le battant demeure fermé.

– Ah ! Tu vois ? s'exclame Patrice, reprenant son ton habituel. Tu as besoin de moi. C'est très simple lorsqu'on sait comment.

Maya soupire. L'affaire s'annonce mal. Ça fait à peine un jour qu'ils ont conclu le marché et il lui tombe déjà sur les nerfs.

Elle s'écarte, lui laissant toute la place.

– Vas-y, si tu es si fin !

Le garçon attrape la poignée à deux mains et tire d'un coup sec, penché vers l'arrière. La lourde porte pivote lentement sur ses gonds. L'effort le rend tout rouge.

– Bravo, fait Maya. Tu as fait craquer toutes les coutures de ta chemise.

Les enfants pénètrent dans une vaste salle. Trois hommes en complet foncé sont en grande conversation devant l'entrée. Patrice passe entre eux sans un mot d'excuse. Il s'avance sous la grande voûte en regardant partout, l'air hautain. À le voir aller, on croirait que la banque lui appartient.

– Viens.

Le garçon se dirige d'un pas assuré vers un escalier dissimulé par une plante en pot monstrueuse. Il fait à voix haute des commentaires acides sur ceci et cela comme si rien ne lui plaisait. Maya trottine à ses côtés, pensant qu'elle préférerait un associé plus discret.

Les clients qu'ils croisent dans l'escalier les regardent avec étonnement et mécontentement. L'un d'eux tente même de leur faire rebrousser chemin.

– Ce n'est pas une garderie, ici, grogne-t-il.

Patrice ne s'occupe pas du client. Il ouvre une porte au-dessus de laquelle est écrit « Direction ». L'enquêteuse et son associé se retrouvent dans un bureau ensoleillé où s'affaire un secrétaire.

L'homme abandonne momentanément sa paperasse.

– Bonjour Patrice. Votre père n'est pas au bureau. Il sera de retour de son rendez-vous dans une demi-heure environ.

– Ce n'est pas grave. Je vais l'attendre, répond Patrice.

Le pauvre secrétaire n'a pas le temps d'intervenir. Le terrible garçon pousse une porte capitonnée et entre dans le bureau de papa.

– Tu viens, Maya ? appelle-t-il.

La fillette adresse un timide sourire d'excuses au secrétaire éberlué et rejoint son associé. Celui-ci est déjà assis derrière le bureau de son père. Il met en marche l'ordinateur qui trône sur le coin du meuble.

– J'ai trouvé son mot de passe, l'autre jour, triomphe-t-il. Je savais bien que ça finirait par m'être utile.

Maya jette un coup d'œil inquiet vers la porte.

– Heu… Je ne suis plus sûre que ce soit une bonne idée.

Patrice fronce les sourcils et croise les bras, le regard buté.

– Tu n'as pas aimé mon indice et, maintenant, tu n'aimes pas mon idée ?

Décidément. Cet associé n'est pas à prendre avec des pincettes.

– C'est juste que nous allons avoir des problèmes si ton père nous surprend.

Patrice sort de sa poche une clé USB et l'insère dans l'ordinateur.

– C'est l'affaire de quelques minutes. On a le temps. Je transfère notre lettre. Comme ça, on va pouvoir l'imprimer sur du papier avec l'en-tête de la banque. Après, il n'y aura plus qu'à la faire livrer. C'est un plan génial, non ?

– Oui, oui, d'accord. Mais dépêche-toi.

– Bien sûr. Je fais des trucs géniaux et, en plus, je suis rapide.

Maya respire profondément par le nez. Non seulement Ludovic est plus amusant, comme associé, mais il est aussi beaucoup moins présomptueux.

Patrice frappe quelques touches du clavier. Une lettre apparaît à l'écran. Les deux acolytes la relisent en silence.

– Parfait, s'exclame Patrice. On jurerait que c'est mon père qui l'a écrite. Il est vraiment super en français, cet Antoine.

– Il étudie au cégep en littérature ; il veut être auteur. Il n'y a pas que toi pour faire des trucs intéressants.

– On n'a plus qu'à l'imprimer maintenant, dit le garçon sans se soucier du commentaire de Maya.

Il presse à quelques reprises le bouton de la souris. Bientôt, l'imprimante commence à cracher sur papier à en-tête la fameuse lettre.

Patrice prend l'annuaire téléphonique dans la bibliothèque et le lance à Maya.

– Tiens, tu peux chercher les adresses qu'il nous faut. Moi je vais essayer de trouver des enveloppes pendant ce temps.

L'enquêteuse fronce les sourcils. Décidément, il commence à en prendre un peu large, cet associé. S'ils n'étaient pas si pressés, elle lui dirait sa façon de penser.

Maya compulse les pages du bottin. Patrice, lui, fouille dans les tiroirs de l'imposant bureau. Il en ressort une liasse de grandes enveloppes avec un gloussement de satisfaction.

– Voilà. Je les ai. Tu as trouvé la première adresse ? demande-t-il, stylo à la main.

Maya hoche la tête et glisse l'annuaire vers Patrice. Le garçon s'applique à écrire le plus lisiblement possible.

– « Journal *Nos affaires*, 59, Place Pelletier »…

Chapitre VI

Une page cinq explosive

– PAPA, j'ai invité ma nouvelle amie Maya à coucher ce soir. C'est d'accord ? demande Patrice dès que son père a pénétré dans la grande maison de pierres.

– Hu, hu, marmonne le monsieur, le nez déjà rivé à l'édition du soir de son journal préféré.

Il passe distraitement la main sur la tête de son fils puis sur celle de Maya.

– Comment t'appelles-tu, mon garçon ? demande-t-il entre l'éditorial et les cotes de la bourse.

– Maya, répond l'enquêteuse d'une toute petite voix.

Le père fronce légèrement les sourcils sans interrompre sa lecture. On voit qu'il a vaguement l'impression que quelque chose cloche.

– Ce n'est pas un garçon, s'impatiente Patrice. C'est une fille.

M. Dumouchel lève les yeux de son journal et regarde Maya, l'air un peu perdu.

– Une fille ? Ah oui ! Excuse-moi, petite, j'étais distrait. Mélissa, dis-tu ?

– Maya, s'écrie Patrice. On vient de te le dire.

– Ne sois pas discourtois, mon fils.

M. Dumouchel a prononcé ces mots de la même voix neutre. Il est déjà de retour entre les pages de son quotidien.

– Tu ne m'écoutes jamais quand je parle.

– Tut, tut, Patrice. Ne fais pas l'enfant.

Le garçon tape du pied.

– Je SUIS un enfant, s'énerve-t-il.

Mais déjà le père s'éloigne, le nez rivé à ses absorbantes nouvelles. C'est un miracle qu'il ne trébuche pas dans un des meubles luxueux.

Patrice le regarde refermer sans bruit la porte de son bureau, l'air découragé.

– Il a probablement bien des tracas avec son boulot, le console Maya.

– Pfeuh ! Il est toujours comme ça. Des fois, j'ai l'impression d'être invisible.

Maya met sa main sur le bras de Patrice pour le réconforter. C'est drôle, mais dans des moments comme celui-ci, il est presque attachant ; il laisse tomber son air supérieur pour devenir un garçon comme les autres.

– Bah, ce n'est pas grave, se secoue Patrice. Pour une fois, je vais le faire réagir. Attends voir qu'il soit rendu un peu plus loin dans son fameux journal. Je te parie dix dollars qu'il va sortir en hurlant. Nous allons vite…

Patrice n'a pas le temps de terminer sa phrase. La porte du bureau s'ouvre en trombe.

– Évelyne, Évelyne, crie M. Dumouchel, l'air égaré.

– Maman n'est pas rentrée, l'informe son fils d'un ton égal. Tu sais bien qu'elle a une réunion tous les mercredis soir.

– Ah, Dieu soit loué ! Tu es là, mon petit Patrice ! Oh oui, c'est vrai ! Je t'ai fait ramener de l'hôpital hier, s'exclame son père, soulagé. Je croyais qu'on t'avait… C'est ce fichu journal, ajoute-t-il en secouant le coupable à bout de bras. Tu ne devineras jamais ce qui y est écrit.

– Bien sûr. C'est écrit que j'ai été kidnappé.

– Mais… mais comment le sais-tu ? L'édition du soir vient tout juste de sortir.

– C'est simple. C'est moi qui ai envoyé la nouvelle au journal.

– Quoi ? s'étrangle le père.

L'homme se jette de surprise dans le premier fauteuil venu.

– J'ai envoyé la nouvelle au journal. Il faut toujours que je répète tout, dans cette maison.

M. Dumouchel laisse tomber les bras, consterné ; ils pendent lamentablement de chaque côté de la bergère. On dirait qu'ils pèsent une tonne chacun.

– Tu as fait parvenir de faux renseignements à *Nos affaires* ? ânonne le pauvre père, totalement abasourdi.

– Oh, pas seulement à *Nos affaires.* J'en ai expédié aussi au journal *L'Écho* et au *Nouvel Informateur.* Naturellement, ceux-là ne paraîtront que demain matin. J'ai aussi envoyé le texte aux grandes chaînes télé. Ils parleront peut-être de nous aux bulletins de fin de soirée.

– Tu as fait QUOI ?

Les bras de M. Dumouchel semblent s'être encore allongés, si c'est possible. Un autre choc du genre, et ils perceront le plancher.

– Je dis « je », mais nous avons fait cela ensemble, Maya et moi, lance Patrice, les mains croisées derrière le dos comme s'il donnait un cours à l'université.

Le regard implorant du directeur de banque se pose sur la fillette. Il espère sans doute la voir démentir cette scandaleuse nouvelle.

– Je suis désolée, se sent obligée de dire l'associée contrite.

M. Dumouchel attrape une cloche posée sur un guéridon de marbre, près de son fauteuil. Il la secoue si violemment que Maya s'attend presque à voir s'envoler le battant.

Le dernier tintement finit à peine de résonner que la gouvernante entre dans la pièce.

« Tiens, elle doit écouter aux portes, remarque Maya, pour elle-même. Sinon on l'aurait entendue approcher avec ses claquettes. »

– Mimi, s'il vous plaît, apportez-moi un scotch. J'ai eu un rude coup.

Patrice se tourne vers Maya pendant que Mimi s'éloigne.

– Tu vois ? Je t'avais bien dit que je le ferais réagir. Je parie qu'il va m'écouter maintenant.

M. Dumouchel se relève péniblement. Il semble avoir vieilli de dix ans au cours des dernières minutes.

– Mon petit Patrice, si tu avais envie d'un peu d'action, il fallait le dire. Je t'aurais envoyé à Disneyworld ou bien je t'aurais acheté un scooter. Te rends-tu compte de ce que tu as fait ? Et puis, tout d'abord, comment diable le journal a-t-il accepté de publier ceci ?

– Ils ont sûrement essayé de te joindre à la banque, pour confirmer la nouvelle, mais tu jouais au golf avec un client. En plus, le mercredi, c'est l'après-midi de congé de ton secrétaire. De toute façon, ils avaient une source fiable.

– Une source fiable ?

– Ah oui ! je ne t'ai pas dit ? continue Patrice, un sourire aux lèvres. J'ai imprimé notre lettre sur le papier en-tête de la banque. J'ai aussi imité ta signature.

– QUOI ?

Cette fois, Maya craint que le businessman s'écroule, victime d'un infarctus.

L'infortuné père s'appuie au chambranle de la porte. Il attrape ensuite le verre que lui apporte Mimi la pimbêche ; il le cale d'un trait sans même s'étouffer.

Patrice s'avance vers lui. Il s'assoit à califourchon sur l'accoudoir d'une bergère.

– Écoute, papa. Tu sais, le garçon qui était dans ma chambre à l'hôpital... Devine pourquoi il a été kidnappé. C'est parce que j'avais changé de lit avec lui. Ils l'ont pris pour moi.

– Quoi ?

« Vraiment, pense Maya, ce M. Dumouchel n'a pas un vocabulaire très impressionnant pour un directeur de banque. »

– Donc, continue Patrice, imperturbable, il faut aider sa famille à le récupérer. Pas vrai, Maya ?

L'enquêteuse retrouve enfin sa langue, maintenant qu'il est question de son bon copain.

– Oh oui ! Vous savez, monsieur, Ludovic est mon meilleur ami. C'est vraiment un gentil garçon. Il ne ferait pas de mal à une mouche. Il FAUT lui porter secours.

Le père de Patrice ramasse le journal froissé au pied de la bergère. Il le secoue faiblement au nez des deux acolytes.

– Et c'est tout ce que vous avez trouvé, comme solution ?

– C'est la meilleure. Les kidnappeurs croiront avoir enlevé le bon garçon. Ils vont communiquer avec toi pour la rançon.

– La rançon ? bredouille le malheureux père.

– Mais oui, répond Patrice. S'il y a eu un kidnapping, il y aura une rançon. Alors, voilà ce que nous allons faire…

Chapitre VII

Maya et associé, enquêtes en tous genres

PATRICE regarde la page cinq du journal de la veille, toujours aussi satisfait de sa mystification. Il faut dire que *Nos affaires* n'ont pas lésiné sur l'espace. La nouvelle occupe un quart de page sous une photo de la banque que dirige M. Dumouchel.

– Tout est prêt. Papa a la mallette avec l'argent. Les policiers vont prendre les kidnappeurs la main dans le sac. Et ils savent maintenant que l'un d'eux a cette tache de naissance à la cheville. Il sera plus facile à identifier.

Mais Maya semble peu impressionnée par ces préparatifs.

– S'ils viennent…

– Pourquoi ils ne viendraient pas ?

L'enquêteuse jette distraitement des cailloux dans l'étang près de la grande maison de pierres. Les canards, qui avaient accouru au premier plouf, se sont éloignés, l'air mécontent. D'habitude, ce sont des boulettes de pain qu'on leur lance.

– Tu m'écoutes ? Je te demande pourquoi ils ne viendraient pas.

Maya suspend son manège. Elle laisse retomber ses cailloux sur l'allée de gravier.

– J'ai l'impression qu'on fait fausse route.

Le garçon la dévisage, perplexe.

– Comment ça ? Les kidnappeurs ont appelé papa à la maison, hier soir. Ils réclament une rançon de dix mille dollars. Tout va comme prévu, non ?

– Non. Pourquoi ces gens auraient pris tant de risques pour si peu ? C'est étrange, ça ! Ils auraient dû exiger de t'échanger contre beaucoup plus cher.

Son associé a un sourire satisfait.

– Merci. Je savais que tu reconnaîtrais un jour ma grande valeur.

Maya fait la grimace.

– Je suis sérieuse. Dix mille dollars, ce n'est rien. Même les policiers trouvent la chose bizarre. Pourtant, l'agent Louis et l'agent Charles ne sont pas très perspicaces, d'habitude.

– Tu n'es pas contente ? Ludovic va être libéré.

– Mmmououais.

– Eh bien ! On ne dirait jamais qu'il est ton meilleur ami.

Maya continue à réfléchir. Elle suit distraitement du regard un jardinier. L'homme arrose les rocailles avec un boyau connecté au réservoir d'un petit camion.

– Je n'aime pas du tout comment les événements se déroulent. Quelque chose d'autre cloche, dans cette histoire.

– Quoi ?

– Pourquoi il n'y avait pas eu de demande de rançon plus tôt ? Ça faisait presque quarante-huit heures que Ludovic avait disparu quand notre lettre a été publiée.

Maya se lève et brosse du plat de la main son pantalon couvert d'une fine poussière de gravicr.

– Je crois qu'on devrait reprendre notre enquête à zéro, annonce-t-elle.

– Maya, tu es folle !

– Il y a quelque chose qu'on n'a pas bien compris.

– Maya…

– Je dois en avoir le cœur net.

– Maya…

– C'est inutile d'insister, fait l'enquêteuse d'un ton sans appel, les mains sur les hanches. J'appelle Antoine pour qu'il passe me prendre. Je retourne à l'hôpital.

– Regarde !

Maya baisse enfin les yeux vers son associé. Contrairement à ce qu'elle pensait, il ne cherche plus à la retenir. Il désigne plutôt un numéro écrit en chiffres gras au bas de l'article.

– C'est votre téléphone, non ? Pourquoi fais-tu cette tête-là ?

– Il y a une erreur. Le dernier chiffre devrait être un trois, pas un cinq. Ils ont mal recopié l'information, au journal. Comment les ravisseurs ont pu appeler papa à la maison s'ils n'avaient pas le bon numéro ?

Maya s'accroupit près de Patrice, perplexe.

– Ils ont sans doute vérifié dans le bottin.

– Notre numéro est confidentiel ; il n'est pas dans le bottin. Et c'est impossible de l'obtenir de la compagnie de téléphone. Mon père n'aime pas se faire achaler par des clients, à la maison. Alors, comment les ravisseurs ont pu appeler ?

Maya ramasse une poignée de cailloux et les lance dans l'étang. Cette fois-ci, elle s'attire les couacs outragés des canards.

– Je le savais. Il y a un hic dans cette affaire. Pas de temps à perdre, il faut retourner à l'hôpital.

– Les policiers ont déjà questionné tout le monde. Qu'est-ce qu'on peut faire de plus ?

Maya remet sa blouse dans son pantalon, l'air décidé.

– Je n'ai pas du tout confiance en l'agent Louis et en son collègue. Ils sont gentils, mais pas du tout efficaces. Et puis, c'est mieux que de rester à se tourner les pouces, non ?

Patrice fait la moue.

– Papa m'a défendu de bouger d'ici sinon il me coupera l'argent de poche pendant un mois. Il est nerveux depuis l'enlèvement. Il a peur que ça m'arrive.

– Tu vois ? Il tient beaucoup à toi.

– Pfeuh. Il tient plus à son argent, encore. Ce n'est tout de même pas donné, une vraie rançon.

– Reste ici alors, décrète Maya se relevant à nouveau. Je te raconterai ce que j'ai appris à mon retour.

Patrice se remet debout en moins de deux.

– Et tu vas continuer l'enquête sans moi ? Pas question. Je te l'ai dit : « Où tu vas, je vais aussi. »

– Et ton argent de poche, alors ?

Le garçon attrape Maya par la main.

– Viens, j'ai une idée.

Il remorque l'enquêteuse à sa suite jusque dans le grand hall de l'opulente demeure. Il s'arrête au bas de l'escalier.

– Mimi, Mimi.

Les talons ferrés se mettent immédiatement à marteler les dalles du côté est. La gouvernante apparaît à la porte des cuisines, l'air toujours aussi sombre.

– Nous montons dans ma chambre. Je ne veux pas être dérangé d'ici au souper.

Avant même que la femme ait eu le temps de répondre, les associés se précipitent vers le palier supérieur. Patrice ouvre et claque violemment la porte de sa chambre sans y entrer. Le son se réverbère partout dans la grande maison tranquille.

Le garçon met le doigt sur sa bouche.

– Suis-moi, dit-il ensuite, dans un chuchotement. Nous allons sortir du côté jardin et piquer à travers le petit bois jusqu'à la route. Comme ça, il n'y a aucun risque que Mimi nous voie partir. On appellera Antoine avec mon cellulaire.

Les associés dévalent un escalier en colimaçon qui mène à une porte secondaire. Ils se retrouvent bientôt dehors, sous une tonnelle fleurie, à l'extrémité du manoir. Ils se glissent dans le bosquet avoisinant.

– Ah zut ! s'exclame Maya. Je viens de me souvenir qu'Antoine est à la plage avec des amis, cet après-midi. Comment va-t-on se rendre en ville ? On ne peut pas y aller à pied ; c'est bien trop loin. Tu n'aurais jamais assez de temps pour revenir avant le souper.

– Bah, ça ne serait pas si grave, au fond. Mon père ne remarquerait rien. Il a toujours le nez dans son journal. De toute façon, il s'adresserait à la chaise vide s'il avait quelque chose à me dire. Il est si distrait.

– Et ta mère ?

– Elle a une réunion de son club ce soir.

– Ce n'était pas hier ?

– Oh ! Je ne t'ai pas dit ? Elle a des réunions les lundis, mardis, mercredis et jeudis soir. Les fins de semaine, elle joue au bridge.

Tout en parlant, les deux complices ont marché d'un bon pas à travers les arbres.

Tout à coup, Maya s'arrête pile, saisie d'un doute.

– Pas question que je fasse du pouce, s'exclame-t-elle. Ma mère m'a fait promettre et je ne veux pas manquer à ma parole.

Patrice la tire par la manche de son chandail pour l'entraîner.

– Pas nécessaire. J'ai eu une idée. Allez, viens, sinon nous allons être en retard.

– En retard pour quoi ?

– Tu verras bien.

Maya se remet en route, moitié agacée, moitié impressionnée par l'assurance de son associé. Décidément, il y en a des idées, dans cette tête-là !

La lumière s'intensifie, devant eux. Bientôt, les barreaux de l'immense grille se dessinent entre les arbres.

– Ah ! parfait, nous sommes à temps ! se réjouit Patrice.

Il désigne du doigt le camion aperçu plus tôt, près des rocailles. Le véhicule est maintenant stationné en bordure du boulevard ; son conducteur arrose les hydrangées de l'entrée.

– Nous n'avons qu'à monter à l'arrière, là où il met ses outils de jardinage. Il nous ramènera en ville.

– Et s'il nous surprend ?

– Aucun risque. Nous sommes son dernier client de la matinée. Quand il a fini d'arroser, il enroule le boyau et l'accroche au réservoir du camion sans ouvrir derrière.

– Tu es sûr ?

– Mais oui. Je n'ai que ça à faire, ici, observer ce qui se passe autour, commente Patrice, d'un ton amer. J'ai vu comment il procède des dizaines de fois.

Les deux complices se glissent subrepticement derrière le camion. Patrice ouvre une des portes, sans bruit, et fait monter son acolyte. Les deux jeunes sont bientôt confortablement assis sur un énorme coffre.

« Bon, se rassure Maya, intérieurement. C'est moins pire que de faire du pouce. »

Le voyage dure à peine quinze minutes. De temps à autre, Patrice jette un coup d'œil par la petite vitre percée dans la porte.

– Viens, fait-il au moment où le véhicule ralentit pour s'arrêter au feu rouge. Je reconnais l'endroit. Nous ne sommes pas très loin de l'hôpital.

Les deux enfants sortent du camion. La conductrice de l'automobile immobilisée derrière les regarde, les yeux écarquillés, la bouche ouverte. Elle en oublie de repartir lorsque le feu redevient vert. Un concert de klaxons s'élève aussitôt pour la rappeler à l'ordre.

Maya et Patrice se hâtent vers l'hôpital dont le dôme dépasse les immeubles avoisinants. La fillette pousse la porte vitrée de l'établissement et s'arrête devant l'ascenseur. Elle regarde les boutons lumineux. Celui du troisième est allumé.

– Il est encore bloqué à l'étage des tortues. On va prendre l'escalier.

Patrice et Maya montent en silence jusqu'au quatrième. L'enquêteuse pousse la porte de l'aile A4. L'odeur de pansements et de peroxyde atteint une intensité insupportable, aujourd'hui.

– Bon, on commence par la chambre ? demande Patrice.

– Elle doit être occupée par de nouveaux patients, maintenant. J'ai une idée. Si on jasait avec les infirmières qui étaient de service lundi soir.

– D'accord. Il y en a peut-être une qui a remarqué la tache de naissance du kidnappeur.

– Ou un rôdeur près de la porte de la 413.

– Allons au poste de garde…

Mais Patrice laisse sa phrase en suspens. Maya se tourne vers lui. Il a les yeux grands ouverts et semble figé par la surprise.

– Qu'est-ce que tu as ? demande l'enquêteuse.

Pour toute réponse, Patrice pointe l'index vers le mur d'en face. Des portes battantes ferment à moitié l'entrée d'une salle. Près du chambranle, il y a une plaque portant la mention : « cabines de déshabillage. »

Le regard de Maya va de la plaque aux portes qui s'arrêtent à un demi-mètre du sol. Derrière, quelqu'un s'affaire à suspendre des vêtements à un crochet.

La fillette laisse échapper un grognement de stupéfaction.

Sous les portes battantes, les pieds de l'occupant sont visibles. Et sur la cheville de l'un d'eux, il y a une grande tache de naissance… En forme de croissant de lune !

Chapitre VIII

Un renseignement, s'il vous plaît

– Qu'est-ce que vous cherchez, les enfants ? demande l'infirmière.

Mais les deux amis demeurent bouche bée.

– Je peux vous aider ? fait-elle devant leur mine ahurie.

– Euh non, merci, répond finalement Maya. Ça va aller.

La femme laisse retomber la porte à ressort qui mène aux cabines de déshabillage. Elle leur sourit et s'éloigne vers le poste de garde. Pas de doute possible. Sa cheville porte bel et bien une tache de naissance en forme de croissant de lune.

Maya se tourne vers Patrice, les mains sur les hanches. Elle a l'air furieuse.

– Tu m'as bien eue, toi, avec ton indice.

Pour une fois, Patrice semble moins sûr de lui.

– Mais je n'ai rien inventé, bredouille-t-il, l'air renfrogné. Je l'avais bien vue, cette tache de naissance.

– Kidnappeur mon œil ! Ce sont les pieds de l'infirmière de garde que tu as vus sous le rideau. Ah franchement ! Toi et tes grands airs de monsieur qui sait tout !

Patrice demeure silencieux quelques secondes. Il dessine des ronds imaginaires du bout de son espadrille.

– Maya ? fait-il enfin.

– Quoi ?

– Est-ce qu'on est toujours associés ?

– Oui, on est associés. Une promesse, c'est une promesse. Allez, viens, ajoute-t-elle. On va interroger cette infirmière. Elle a peut-être remarqué quelque chose lundi soir.

Patrice lui adresse une grimace de soulagement. Curieux ! On dirait qu'il a changé en quelques jours à peine.

Maya s'arrête devant le poste de garde. La femme à la tache de naissance y a déjà rejoint sa collègue.

– Madame. Je suis l'amie de Ludovic. Vous savez, le petit garçon qui a disparu…

– Oh oui ! Une triste histoire. Je le trouvais bien mignon. Il était pas mal plus gentil que son voisin de lit. Un garçon franchement déplaisant qui…

Patrice toussote, l'air de vouloir être ailleurs.

– Euh… c'est lui le voisin de chambre de Ludovic, bredouille Maya en désignant son associé.

L'infirmière reconnaît enfin Patrice. Elle lui fait un petit sourire gêné.

– Vous pouvez peut-être nous aider, madame, enchaîne rapidement Maya pour dissiper le malaise. On est venus vous demander si vous n'auriez pas vu rôder quelqu'un la nuit de l'enlèvement.

– Non, je suis désolée. Je n'ai rien vu du tout. Je l'ai d'ailleurs déjà dit aux policiers.

Le timbre d'une sonnette se fait entendre tout à coup. L'infirmière vérifie le panneau de contrôle du poste de garde.

– C'est le 421. J'y vais. Excusez-moi les enfants. Je reviens dès que possible.

L'enquêteuse soupire, brusquement découragée. Assurément, les policiers ont déjà posé toutes ces questions au personnel. Elle se tourne sans grand enthousiasme vers la deuxième infirmière, assise devant une pile de dossiers volumineux. Celle-là a tout plein de petits poils noirs sous le nez. Pardi ! Une femme à moustache !

– Et vous monsie... euh, madame, attaque l'enquêteuse, vous n'avez rien remarqué de particulier ce soir-là ?

La femme relève la tête de ses paperasses en réprimant à grand-peine un soupir. De toute évidence, elle a mieux à faire que de répondre sans cesse à des questions.

– Je n'étais pas de service la nuit où votre ami a disparu. Désolée.

Les deux associés sont déçus du résultat de leurs démarches. L'infirmière s'apprête à retourner à ses dossiers, puis se ravise. Elle a pitié de leur mine dépitée.

– J'ai une idée, fait-elle. Pourquoi n'iriez-vous pas parler à Vincent Delarosbil ? C'est le gardien. Il travaillait la nuit où votre ami s'est volatilisé. Il a peut-être vu quelque chose, lui. Vous le trouverez au poste de renseignements, en bas, à l'entrée.

– Merci, madame, font Patrice et Maya avant de s'éloigner.

Ils reprennent l'escalier en sens inverse. Inutile d'attendre l'ascenseur. Il est bloqué au troisième, c'est sûr !

Une fois de retour dans le grand hall, ils repèrent bien vite le bureau que leur a désigné l'infirmière. Le dénommé Vincent regarde passer les visiteurs d'un œil morne. Dès que le corridor redevient désert, il feuillette distraitement le journal étalé devant lui. Il a l'air de s'ennuyer ferme.

– Allons le divertir un peu, chuchote Maya à l'oreille de Patrice.

Les deux complices se présentent au guichet du centre de renseignements. L'homme se penche vers l'avant.

– Bonjour, les jeunes.

– Bonjour, monsieur, le salue Patrice. Êtes-vous Vincent Delarosbil ?

– Oui.

– L'infirmière du A4 nous envoie, déclare Maya. Elle nous a dit que vous pourriez sans doute nous renseigner.

Le dénommé Vincent ouvre la porte du bureau, la mine réjouie.

– Eh bien, voilà qui tombe à pic ; je suis justement préposé aux renseignements. Entrez donc. Nous serons plus à l'aise pour causer. Je vous vois si mal à travers cette vitre.

Maya et Patrice pénètrent dans la pièce surchauffée. Sans grande surprise, il y règne la même odeur que partout ailleurs dans l'hôpital.

– Nous sommes des amis de Ludovic… commence l'enquêteuse.

– Vous savez, le garçon qui a disparu il y a trois jours… continue Patrice.

– Ah oui ! se rappelle M. Vincent. Je suis au courant. Étrange affaire.

– Vous étiez de garde la nuit où Ludovic a disparu, reprend Maya. Nous avons pensé que vous pourriez nous aider à le retrouver.

L'homme a un sourire navré. Il hoche la tête, dans un geste qui laisse peu d'espoir.

– Malheureusement, les enfants, j'ai déjà tout dit aux policiers. Et ce n'est pas grand-chose. Je n'ai rien remarqué d'anormal cette nuit-là.

– Si des gens étaient entrés, vous vous en seriez aperçu ? demande Patrice.

– Bien sûr. De toute façon, il n'y avait que la porte de l'urgence d'accessible. Ceux qui sont passés par là étaient des malades venus voir le médecin en service. Et il y en a eu très peu. C'est souvent comme ça, pendant les vacances d'été. Tout le monde est en dehors de la ville.

Patrice toussote avec insistance.

– Vous étiez à votre bureau tout le temps ?

– Mais oui.

– Vous… hum… vous n'allez jamais aux toilettes ?

Maya donnerait volontiers une taloche sur le nez de son impertinent associé. Heureusement, le dénommé Vincent a le sens de l'humour. Il part d'un grand éclat de rire.

– J'y suis allé une fois ou deux, c'est vrai, reconnaît-il. Sauf que la porte de l'urgence laisse entendre un signal sonore lorsqu'elle s'ouvre, la nuit. J'en aurais eu connaissance, même aux toilettes.

Maya écarte les bras dans un geste de fatalité.

– Bon, fait-elle, démoralisée. Nous sommes désolés de vous avoir dérangé. Merci quand même.

Vincent lui tapote affectueusement l'épaule.

– De rien, de rien, fillette. J'aurais bien aimé vous aider. Il doit être gentil, Ludovic, pour avoir des amis comme vous deux.

Maya hoche la tête.

– Il était au 413, je crois ? demande l'homme.

– Oui, confirme Patrice. Moi j'avais le lit près de la fenêtre, lui celui à côté de la porte. Vous vous souvenez de lui ?

– Oh non ! Je m'arrange pour en savoir le moins possible sur les patients de l'hôpital.

L'homme a prononcé ces mots d'un air sombre. Maya sent la curiosité lui chatouiller le bout de la langue.

– Pourquoi ? C'est défendu ?

– Non, non, pas du tout. C'est plutôt parce qu'on s'attache trop. Tenez, il y a huit ans – le 14 juin, je m'en souviens comme si c'était hier – une jeune dame a été hospitalisée. J'étais de service le soir où ils l'ont amenée. Un terrible accident de voiture ! Elle était si frêle sur cette civière. Et elle avait peur. Je n'aurais pas dû, je sais, mais je lui ai tenu la main jusqu'au bloc opératoire.

Les yeux du gardien deviennent subitement humides.

– Je passais la voir quand je faisais ma ronde, à la fin de mon quart de travail, continue-t-il. Elle a été quelques jours à lutter ; j'étais sûr qu'elle s'en sortirait. Pauvre petite !

Patrice et Maya échangent des regards embarrassés. Ils voudraient bien connaître la suite de cette triste histoire. Cependant, ils n'osent pas poser de questions pour chagriner davantage l'homme. Celui-ci continue pourtant de lui-même. Il les regarde sans les voir, absorbé par les images de sa mémoire.

– Finalement, elle a perdu la bataille. Avant de mourir, elle m'a remis un souvenir qui lui était cher : un pendentif avec une grande griffe de condor gravée…

– Quoi ? s'écrie Maya.

Elle a crié si fort, que Patrice et le gardien en restent interdits.

– Un pen… un pendentif ? bégaie l'enquêteuse.

– Oui, avec une griffe…

– … De condor, oui, complète Maya. Et ce collier, qu'est-ce que vous en avez fait ?

L'homme hausse les épaules.

– Oh ! Je ne l'ai pas gardé. Le surlendemain, je l'ai donné à un petit garçon qui devait se faire enlever les amygdales ; il craignait beaucoup cette opération. Alors, je lui ai dit que ça lui porterait bonheur.

– Quelle coïncidence ! fait Maya, qui semble un peu étourdie.

– Qu'est-ce qu'il y a ? demande Patrice, intrigué par l'air bizarre de son associée.

– Il y a que Ludovic a un porte-bonheur… Une énorme griffe d'oiseau montée en pendentif.

Chapitre IX

Un air de déjà-vu

– MAYA ! s'écrie Patrice, tout essoufflé d'avoir couru. J'avais peur que tu sois partie sans moi.

– J'ai bien failli le faire, gronde l'enquêteuse en pointant sa montre. Tu es en retard. Il est passé neuf heures.

– C'est cette fichue Mimi. Elle nous a fait rater l'autobus. Nous avons dû attendre le suivant. Devine quoi ! Mon père s'est présenté à l'endroit convenu hier soir. Mais les kidnappeurs n'étaient pas au rendez-vous.

– Je suis au courant. La mère de Ludovic me l'a dit tout à l'heure.

– Les policiers croient que l'appel des ravisseurs n'était qu'une blague. Mais mon père est nerveux depuis qu'il sait que j'avais changé de lit avec Ludovic. Il voit des ravisseurs partout. Il nous a acheté un berger allemand et l'a lâché aux fesses du releveur de compteurs électriques, hier après-midi. Il le trouvait suspect.

Le garçon se mire dans la vitrine, coiffant distraitement ses cheveux à pleines mains. Maya trouve que ce n'est pas très réussi.

– C'est agaçant, continue-t-il. Je ne peux pas m'éloigner de deux pas sans devoir dire où je vais.

– Tu vas t'habituer. Et puis, de toute façon, tu ne vas quand même pas te plaindre, maintenant ! Tu voulais que tes parents fassent attention à toi, non ?

Patrice donne un coup de pied dans un obstacle imaginaire devant lui, l'air morose.

– Penses-tu ! Ils ne s'occupent pas davantage de moi. Ils ont passé le contrat à Mimi.

– Oui, je sais, tu me l'as…

Maya s'interrompt et regarde vivement autour d'elle.

– Où est-elle ? Tu l'as semée ?

L'humeur de Patrice se remet au beau. Il découvre un sourire de fin finaud.

– Je tiens bien trop à mon argent de poche, voyons ! Nous sommes allés à la bibliothèque ; elle me croit toujours dans la section « jeunesse », mais je suis sorti par la porte arrière. J'ai la paix pour quelques heures.

Maya s'est mise en route. Patrice accorde son pas au sien.

– Les policiers ont demandé à mon père de rester à la banque toute la journée. Ils croient que les vrais ravisseurs l'appelleront là-bas.

L'enquêteuse fronce les sourcils.

– Non, personne ne l'appellera.

Patrice se tourne brusquement vers Maya, surpris du commentaire. Il télescope alors brutalement un poulet géant occupé à accrocher le menu du jour à la porte d'une rôtisserie. L'ardoise lui échappe des ailes et s'écrase sur le ciment.

– Hé ! s'offusque l'homme, de l'intérieur du costume piqué de plumes jaune criard. Regarde un peu où tu marches !

Patrice pince les narines.

– Tu prends tout le trottoir, gros moineau.

– Horrible gamin, grommelle le bonhomme en ramassant son tableau.

– C'est ton déguisement qui est horrible. Si votre bouffe n'est pas mieux, on mange sûrement très mal, chez vous.

Maya agrippe Patrice par la manche et le tire à sa suite. Elle est soucieuse d'éviter la bagarre.

Le garçon jette un dernier coup d'œil au poulet géant.

– Pourquoi tu dis que personne n'appellera ? demande-t-il maussadement. Tu crois qu'il n'y a pas de ravisseurs ?

– Bien sûr qu'il y en a. Ludovic ne s'est quand même pas kidnappé tout seul. Mais je ne crois pas que ce soit une rançon, la raison de son enlèvement.

Patrice accélère afin de suivre la cadence de son associée.

– Alors pourquoi ? Ce n'est quand même pas pour lui piquer ses billes. Et puis, d'abord, où est-ce qu'on va comme ça ? Tu ne m'as pas dit.

– On rend visite à Vincent. C'est son jour de congé.

– Quoi ? Tu ne le soupçonnes pas, j'espère. À cause de cette histoire de pendentif ?

– Ne sois pas bête. Je crois seulement que si sa patronne ne l'avait pas interrompu, hier, il nous aurait peut-être appris autre chose.

– Bon, j'aime mieux ça. De toute façon, ce n'est même pas une coïncidence, cette histoire de porte-bonheur. Je te parie qu'il y a des milliers de colliers identiques dans les magasins à un dollar.

Maya secoue vigoureusement la tête sans s'arrêter de marcher.

– Pas du tout. Je n'avais jamais vu un truc pareil avant de connaître Ludovic. Et puis, tu sais ce que m'a dit sa mère, ce matin ? Il a été opéré, il y a huit ans, pour les amygdales. Dans le même hôpital. Le 20 juin. Quelques jours après le fameux accident.

– Hein ?!

Patrice s'immobilise en plein milieu du trottoir.

– Alors, c'est bien à lui que Vincent a donné le pendentif. Tu avais raison, Maya ! C'est incroyable, ce hasard ! Mais qu'est-ce que tout cela vient faire dans l'enlèvement ?

– Peut-être rien, répond l'enquêteuse, sauf qu'il faut en avoir le cœur net. J'espère que Vincent va nous aider à résoudre ce mystère.

– Comment sais-tu où il habite ?

– J'ai fait une recherche sur internet. Il n'a pas été difficile à trouver avec un nom de famille aussi rare. C'est le seul Delarosbil dans toute la ville. Tiens, le 922. Nous y sommes.

Les deux acolytes montent l'escalier qui mène au rez-de-chaussée d'un duplex en briques. Au troisième coup de sonnette, l'employé de l'hôpital ouvre la porte.

– Si c'est pour le terrain de jeu, j'ai déjà…

L'homme s'interrompt brusquement, car il vient de reconnaître les enfants.

– Saperlipopette ! s'exclame-t-il, revenant de sa surprise. J'ignorais que vous viviez dans le quartier, vous deux.

– Nous n'habitons pas par ici, le détrompe Maya, un sourire engageant aux lèvres. Nous sommes venus exprès pour vous voir.

Patrice se faufile entre l'homme et le chambranle.

– On peut entrer ?

L'enquêteuse tape du pied devant le sans-gêne de son associé.

– Patrice ! ! !

– Euh… Eh bien, pourquoi pas, puisque vous êtes là.

L'homme fait signe à Maya de le précéder. Ils rejoignent le fantasque garçon qui ne se préoccupe plus d'eux. Il s'intéresse plutôt à un grand aquarium rempli de poissons aux couleurs vibrantes.

– Nous avons été interrompus, hier, reprend Maya, en jetant des regards noirs à son compagnon.

– Ma patronne n'aime pas que je perde mon temps. Mais de toute façon, les amis, je n'aurais pu vous en dire davantage. Je ne sais rien à propos de votre ami Ludovic.

– Peut-être que non. Mais il y a quand même quelque chose d'étrange dans l'histoire que vous nous avez contée. Vous savez, Ludovic a été hospitalisé il y a huit ans pour une opération aux amygdales. C'est vraiment à lui que vous avez remis la griffe de condor.

– Étonnant, vraiment, murmure Vincent en se frottant le menton. Mais ce n'est rien d'autre qu'une formidable coïncidence.

– C'est ce que je me tue à lui dire, grommelle Patrice, le nez collé à l'aquarium.

Maya fait des efforts méritoires pour demeurer calme.

– Cette dame qui vous a donné le pendentif avant de mourir, avait-elle de la famille ? demande-t-elle.

– Son mari soldat avait été tué l'année précédente, lors d'une mission de paix. À part son frère qui voyageait à l'étranger, elle avait un fils ; malheureusement, le petit garçon est mort dans l'incendie de la voiture. Le jour même de son quatrième anniversaire.

– Que c'est triste ! murmure Maya. La pauvre dame a dû être folle de douleur.

– Elle n'en a rien su ! Le docteur a demandé au personnel de ne rien lui dire. Il savait qu'elle était condamnée, de toute façon : une pièce de tôle lui avait perforé la rate et son poumon s'était affaissé. Elle était immobilisée dans son lit, entourée de tuyaux et de machines. Elle était… elle…

Vincent suspend son récit, submergé par l'émotion.

– Excusez-moi. Vous savez, c'est difficile de voir mourir quelqu'un d'aussi jeune.

Il y a un long silence embarrassé : on entendrait voler une mouche. Maya regarde le bout de ses chaussures. Elle est désolée d'avoir provoqué ce moment douloureux.

Pour une fois, Patrice se montre à la hauteur. Il se lève et pose sa main sur l'épaule de M. Vincent.

– Elle a été chanceuse, malgré tout. Vous étiez là pour vous occuper d'elle.

M. Vincent tire un mouchoir de sa poche et souffle bruyamment dedans.

– Oui, sans doute. Enfin, je n'ai pas pu faire grand-chose. Je lui tenais la main. Et j'ai écrit sa dernière lettre.

Les antennes d'enquêteuse de Maya se redressent brusquement, à ces mots.

– Une lettre ? À qui donc ?

– À son frère, murmure l'homme. Elle me l'a dictée, petit bout par petit bout, entre deux souffles. C'était terrible. Elle y avait mis tant d'efforts que je n'ai pu me résoudre à la détruire.

– Vous l'avez toujours ? s'étonne Patrice.

– Le brouillon seulement.

Vincent se lève et va jusqu'à un vieux bureau dans le coin du salon. Il ouvre le premier tiroir et fouille à travers un tas de papiers jetés pêle-mêle. Il en ressort finalement une feuille un peu chiffonnée.

– La pauvre petite était embrouillée à cause des médicaments. Elle me dictait une phrase puis changeait d'idée. J'ai recopié la lettre au propre et j'ai adressé une enveloppe. Comme si j'allais la mettre à la poste.

Les deux associés échangent des regards d'étonnement.

– Je ne comprends pas, fait Patrice. Vous n'aviez pas l'intention de l'envoyer ?

Vincent paraît tout à coup mal à l'aise.

– Eh non, il ne fallait surtout pas ! Vous comprenez, cette lettre contenait de fausses informations au sujet du petit garçon. Mais voilà, continue l'homme en avalant de travers, je l'ai laissée sur mon bureau. Mon remplaçant, pensant bien faire, l'a postée le lendemain.

Vincent arpente la pièce nerveusement. Il s'arrête soudain devant les deux associés et leur tend la lettre.

– Je m'en suis voulu, car ceci n'aurait jamais dû être envoyé. Lisez. Vous comprendrez.

Patrice et Maya ne se font pas prier. Ils se penchent tous deux sur le brouillon de la fameuse missive.

– « Cher Claude, déchiffrent-ils mot à mot, un ami t'écrit pour moi de l'hôpital. Je vais sûrement te faire beaucoup de peine. J'ai eu un terrible accident d'automobile. Mes forces m'abandonnent. Je vais peut-être mourir. Dieu merci, mon petit garçon est sain et sauf. Les infirmières disent qu'il prend du mieux tous les jours ; je pourrai peut-être le voir demain. Claude, tu es ma seule famille. S'il m'arrive malheur, occupe-toi de Benjamin. Il n'aura plus que toi au monde. Fais-le en souvenir de ta petite sœur. Je t'aime ».

– Ouais, c'est moche, admet Patrice. Il y a un oncle quelque part qui a sans doute cherché son neveu pour rien.

– J'ai voulu écrire à ce monsieur pour le détromper, mais son adresse était partie avec l'enveloppe ; personne n'a pu la retrouver dans les affaires de la jeune dame. C'était une adresse au Pérou, alors j'ai essayé de le rejoindre par l'ambassade canadienne, mais ça n'a rien donné. Ensuite, je l'avoue, j'ai laissé tomber ; ça me faisait trop de peine de penser à elle.

– Cette histoire est très triste, mais ça n'a rien à voir avec Ludovic, conclut Patrice.

Il se tourne vers Maya. Celle-ci ne le regarde pas. Elle fixe la lettre, posée sur ses genoux. Elle a les yeux écarquillés.

– Qu'est-ce qui se passe ? On dirait que t'as vu un fantôme.

Maya lève sur lui un regard troublé.

– C'est… c'est signé… Binoche.

– Oui, soupire Vincent. Elle s'appelait Geneviève. Geneviève Bastien. Mais j'ai cru comprendre que Binoche était son surnom quand elle était jeune.

Maya se met debout brusquement comme si un ressort venait de se détendre dans ses genoux. En deux enjambées, elle est près de la porte. Patrice l'agrippe juste avant qu'elle ne sorte.

– Hé, dis donc ! Tu peux m'expliquer ?

L'enquêteuse se secoue.

– Ludovic avait un message mystérieux écrit sur son plâtre : « Pour toi, Binoche. »

– Oh là là ! s'exclame le garçon, les yeux ronds à son tour.

Maya fait un petit signe de la main à leur hôte.

– Merci pour tout, monsieur Vincent. Nous devons nous sauver bien vite, maintenant.

– Et où allez-vous comme ça ?

Les deux associés n'ont pas besoin de se consulter. Leur réponse vient en même temps, dans un duo parfait.

– Chercher l'oncle Claude.

Chapitre X

Erreur d'identité

MAYA jette un coup d'œil au compteur.

– Dis, tu es sûr d'avoir assez d'argent pour payer le taxi ? demande-t-elle.

– Mais oui, réplique Patrice, très sûr de lui, comme toujours. Ne t'en fais donc pas. Il me reste un peu de mon argent de poche de la semaine.

L'enquêteuse soupire.

– C'est incroyable cette histoire quand même ! Ludovic enlevé ! Et tout ça, parce qu'il y a un Claude quelque part qui le prend pour un autre.

– Ouais. Il n'est pas chanceux, ton copain. Rien ne serait arrivé si Vincent ne lui avait pas donné le pendentif de Binoche. Tout un porte-bonheur, je te jure !

– Vous voilà rendus, fait le chauffeur d'un ton maussade.

Il surveille les deux associés dans son rétroviseur. Il semble craindre que ses passagers descendent sans payer.

– Ça va faire quatorze dollars et quatre-vingt-dix sous, ajoute-t-il en arrêtant le compteur.

Patrice fouille dans sa poche. Il en ressort deux billets. Un de dix et un de cinq.

Maya est soulagée en voyant apparaître les billets. C'est quand même pratique, l'argent de poche de Patrice. S'il n'avait pas été là, elle aurait à peine pu payer les quatre-vingt-dix sous !

– Tenez, dit le garçon en mettant l'argent dans la main tendue du chauffeur. Gardez la monnaie.

– Tout un pourboire ! marmonne l'homme entre ses dents.

Les deux complices descendent de voiture sur le trottoir en face de l'hôpital. Le taxi démarre en trombe et tourne le coin de la rue sur deux roues.

– Encore un peu plus et il s'envolait, rigole Patrice. Quel bonhomme désagréable !

Maya se mord la lèvre. Elle se retient de dire qu'il n'y a pas si longtemps, Patrice n'était pas plus aimable.

– Vite. Allons au poste de garde. Il faut consulter le dossier de cette Binoche. On y découvrira peut-être un indice qui nous permettra de retrouver son frère Claude.

Maya se précipite vers la porte des escaliers. Celle-ci s'ouvre presque sur le nez de l'enquêteuse.

– Oh, pardon ! s'excuse une dame. Je ne vous avais pas vus.

L'infirmière à la tache de naissance en croissant de lune se tient devant eux, perplexe.

– Je suis contente de vous voir, s'écrie Maya en retenant la femme qui s'apprête à s'éloigner. Vous pouvez sûrement nous aider, cette fois-ci.

La dame regarde sa montre, l'air ennuyé.

– Vous êtes pressée ? demande Patrice.

– C'est mon heure de lunch.

– Nous avons juste une ou deux petites questions, se hâte de préciser Maya.

– Je vous l'ai dit. J'ignore tout concernant la disparition de votre ami.

– Oui, oui. Mais nous avons continué notre enquête et nous savons maintenant ce qui est arrivé à Ludovic. Il a été enlevé. Par un certain Claude Bastien.

La nouvelle semble provoquer une onde de choc chez l'infirmière. Elle en échappe son sac.

– Quoi ? Comment… d'où… d'où tenez-vous cela ?

Maya se dépêche de répondre avant que Patrice ait le temps de dévoiler leur source.

– Ce n'est pas important. Ce qu'il faut, c'est retrouver ce monsieur. Alors, son nom vous dit quelque chose ? Vous le connaissez ?

La femme hésite, nerveuse, triturant une de ses mèches de cheveux.

– Je… je… Oui, en fait, un peu.

Patrice saisit le bras de Maya, tout excité. Celle-ci s'efforce de maîtriser les tremblements de sa voix.

– Et vous savez où on peut le trouver, ce Claude ?

L'infirmière demeure coite un moment, le regard vide. Puis elle semble enfin se décider.

– Il travaille à la blanchisserie de l'hôpital. Maintenant que vous m'y faites penser, c'est lui qui ramassait les bacs de draps sales la nuit où votre ami a disparu.

Patrice serre très fort le bras de Maya. Elle a l'impression que son sang n'y circule plus.

– Où… où est située la blanchisserie ?

– Pas très loin d'ici, dans la rue derrière l'hôpital, en allant vers l'église. Une bâtisse de briques jaunes.

Si elle ne se retenait pas, l'enquêteuse sauterait au cou de l'infirmière.

– Merci, merci.

Les deux associés n'ont même pas besoin de se consulter. Ils pivotent tous deux sur leurs talons et se ruent vers la sortie pendant que l'infirmière ramasse son sac.

Ils contournent l'établissement, à toute vapeur. Maya tend le bras en avant.

– Voici la rue.

– Et là-bas, c'est l'église, ajoute Patrice. Il faut aller de ce côté.

Les deux acolytes s'élancent dans l'artère quasi déserte. Ils courent presque ventre à terre.

– C'est beaucoup… plus loin… que je… pensais, halète Maya, au bout d'un moment.

Ils atteignent enfin la bâtisse que leur a décrite l'infirmière ; ils sont hors d'haleine et ont les jambes flageolantes. Patrice hésite un moment, la main sur la poignée de porte.

– Tu crois… tu crois qu'on devrait alerter la police ? C'est facile. J'ai mon cellulaire.

Maya hausse les épaules.

– Pas encore. Il nous faut des preuves. Sinon, l'agent Louis dira : « Vous avez trop d'imagination. » Et l'agent Charles répondra : « Pour sûr, Louis. » De toute façon, si on explique à ce monsieur Bastien que son neveu est mort dans l'accident, il devra bien nous rendre Ludovic, non ?

Ils entrent dans un grand hall sombre. Des couloirs partent dans toutes les directions. Un panneau fixé sur le mur du fond annonce les différents départements.

– Blanchisserie : administration, lit Patrice. Blanchisserie : étuves. Blanchisserie : services de collecte. C'est là que travaille notre bonhomme.

Les deux amis suivent la direction que leur indique la flèche. Ils aboutissent dans un deuxième corridor qui les mène à des portes doubles, au fond d'un cul-de-sac. Mais ils ont beau tirer les battants, rien à faire. N'entre pas qui veut.

Les enquêteurs écrasent leur nez dans les vitres étroites comme des meurtrières.

Le spectacle qui s'offre alors à eux est étourdissant. Des gens roulent d'énormes bacs en tous sens dans une salle aussi vaste que deux longueurs de gymnase. Un convoyeur, sur la gauche, entraîne plusieurs de ces énormes contenants dans un tunnel.

– Hum, fait Patrice. Tu as vu ces bacs ? Même un homme pourrait s'y cacher. Pratique pour un enlèvement, non ?

Le garçon aperçoit une sonnette, dans l'encoignure du mur.

– Je crois qu'il faut s'annoncer.

Il presse le bouton à coups répétés et insistants. Maya est si distraite, depuis un moment, qu'elle ne songe même pas à calmer ses ardeurs.

– L'infirmière avait l'air étrange, tu ne trouves pas ? le questionne-t-elle plutôt. Je crois qu'elle connaît très bien ce Claude Bastien.

Patrice hausse les épaules, tenant le bouton de la sonnette enfoncé, cette fois-ci.

– Elle en est peut-être amoureuse. Ce doit être tout un choc d'apprendre que ton copain est soupçonné d'enlèvement.

Une figure cramoisie apparaît soudain à l'une des vitres. La porte s'ouvre dans une violente poussée.

– Ça va, ça va, crie l'homme pour couvrir le boucan qui résonne derrière lui. On n'est pas à l'hôtel. Vous vouliez la faire exploser, cette sonnette ?

Maya s'interpose avant que Patrice ne réplique.

– On cherche un de vos employés : Claude Bastien. Est-ce qu'il travaille, aujourd'hui ?

– Claude Bastien ? Connais pas.

– Mais…

– Personne de ce nom ici.

Patrice s'énerve.

– À l'hôpital, on nous a dit qu'il travaillait à la blanchisserie.

– Probablement dans les salles de lavage. Ils sont une centaine là-dedans. Oui, maintenant que j'y pense, le nom me dit vaguement quelque chose. Vérifiez là-bas.

L'homme lâche la porte qui claque bruyamment, mettant fin à l'interrogatoire.

Les deux acolytes rebroussent chemin, un peu perdus. Une demi-heure plus tard, ils ont visité les étuves, les chambres de pressage, les ateliers de réparations, sans plus de succès. Ils patientent maintenant devant le bureau du préposé à la paye qui fouille dans un énorme classeur.

– Quel endroit ! maugrée Patrice. Personne ne sait rien de rien, ici.

Maya se force à paraître optimiste. Cependant, le doute et le découragement commencent à s'emparer d'elle aussi.

– Il revient. Je crois qu'il a trouvé.

Mais l'employé n'a pas non plus de bonnes nouvelles pour eux.

– J'ai vérifié tous les dossiers. Il n'y a aucun Claude Bastien à l'emploi de la blanchisserie. Voilà pourquoi le nom ne me disait rien.

Maya et Patrice sont en proie à la déconvenue. Ils demeurent silencieux jusqu'à ce qu'ils aient regagné la rue.

– Ça alors, s'écrie enfin Patrice. L'infirmière s'est trompée d'endroit.

– Ou elle nous a fait marcher. Retournons lui dire deux mots. Elle doit être revenue de son dîner à l'heure qu'il est.

Les deux complices sont bientôt de retour dans le grand hall de l'hôpital. Ils montent les quatre étages qui les séparent de l'aile A4, leur détermination renouvelée.

Ils se précipitent au poste de garde. L'infirmière à moustache est en train de remplir quelques papiers.

– Tiens ! vous revoilà ? Alors, vous avez vu Vincent, hier ?

– Oui, oui, merci, répond Maya, c'était une très bonne idée. Madame, il faut absolument que nous parlions à…

Mais l'enquêteuse s'arrête net. Elle ne regarde plus l'infirmière à moustache. Ni Patrice. Ni la civière qui passe dans le corridor, poussée par un préposé aux soins. Son regard s'est arrêté sur un petit quelque chose tout brillant, là-bas, sur le bureau. Un petit quelque chose qui a un air de déjà-vu. Une boule de verre magnifiquement coloré qui renvoie des taches de couleur sur le mur. Comme un prisme.

– Là, cette bille, s'exclame Maya, tout excitée, en pointant le bureau. Qu'est-ce qu'elle fait là ?

L'infirmière à moustache suit des yeux la direction qu'indique la fillette.

– Oh, ça ? Je l'ai trouvée dans les poches de l'uniforme de ma collègue. Le briquet et le miroir aussi sont à elle.

– Vous parlez de l'infirmière qui était ici avec vous, hier ? s'informe Patrice. Nous l'avons croisée dans le hall d'entrée tout à l'heure.

– Oui, oui, justement. J'avais mis ces choses de côté pour elle, mais elle les a oubliées.

Maya fixe intensément la bille. Elle a l'impression d'être tout près de découvrir quelque chose de très important.

– Est-ce qu'elle est revenue de son dîner ? Nous devons absolument lui parler.

– Oh, vous n'avez pas de chance ! Elle est partie pour de bon. C'était son dernier quart de travail. Elle va me manquer, Claude…

– QUOI ?!

Les voix des deux associés ont fusé, à l'unisson. La surprise est telle que Maya saisit l'uniforme de l'infirmière par le col, sans même s'en rendre compte.

– Elle s'appelle Claude ? Claude Bastien ?

L'infirmière hésite entre la stupéfaction et l'irritation. Elle n'a pas l'habitude de se faire secouer ainsi.

– Mais oui…

Les deux associés échangent des regards catastrophés.

– Écoutez, madame, c'est une… une… une urgence, bégaie Maya. Nous devons absolument savoir où elle habite.

– C'est une question de vie ou de mort, ajoute Patrice, tout aussi ébranlé.

La dame promène son regard effaré de l'un à l'autre.

– Eh bien, je doute que vous puissiez la voir. Elle devait partir dans l'heure. Elle déménage aujourd'hui aux États-Unis.

Chapitre XI

Ludovic Petit Poucet

LE TAXI fonce à travers les rues de la ville. Maya et Patrice sont assis tout au bord de la banquette arrière. Ils sont penchés vers l'avant, comme si ça pouvait aider le véhicule à se faufiler dans le trafic.

– Plus vite, plus vite, encourage Patrice. Je vous donnerai un gros pourboire si nous arrivons à temps.

– Ah oui ? grommelle le chauffeur. J'aurai probablement droit à vingt-cinq sous cette fois-ci !

Comble de malchance, les deux associés sont tombés sur le même chauffeur grincheux.

– Pourquoi Vincent nous a-t-il dit que Geneviève avait un frère si c'était une sœur ? se lamente l'enquêteuse. Il nous a fait perdre un temps précieux.

Patrice écarte les bras.

– La plupart du temps, ce sont les gars qui s'appellent Claude. Binoche délirait alors le gardien a probablement mal compris ce qu'elle disait.

– Oui. Tu dois avoir raison.

Le taxi passe en trombe devant une grande bâtisse à colonnade. Patrice se détourne subitement. Il s'écrase le nez contre la lunette arrière.

– Oh, oh !

– Quoi ? s'énerve Maya, sur le qui-vive.

Patrice reprend sa place, un sourire mi-figue mi-raisin aux lèvres.

– Je viens de voir Mimi sur le trottoir : elle avait l'air furieuse. Voilà mon argent de poche des prochains mois qui fout le camp.

– Je suis désolée. Je vais expliquer à ton père que tout est de ma faute.

– Oh, ce n'est pas grave ! Ça valait le coup. Je n'avais jamais passé une journée aussi intéressante de toute ma vie.

– Appelle-les, au moins, pour qu'ils ne s'inquiètent pas.

– Ouais, d'accord.

Patrice sort son cellulaire de sa poche. Au même moment, le taxi change de direction presque sans ralentir. Les deux enfants sont secoués comme des drapeaux au vent. Maya commence à avoir mal au cœur.

– On arrive, fait le chauffeur en tournant sur la rue de Claude Bastien.

– Arrêtez. Nous allons descendre ici, s'écrie Maya.

Le chauffeur applique les freins. Les deux associés constatent alors que les ceintures de sécurité sont bien utiles.

Maya descend de voiture pendant que Patrice paie le chauffeur. Le taxi redémarre dans un crissement de pneus.

– Bonne idée que tu as eue de nous faire descendre avant d'être rendus, complimente Patrice. Comme ça, nous pourrons arriver en silence et surprendre Claude si elle est toujours là.

Maya sourit faiblement. En fait, elle a voulu descendre immédiatement pour unc tout autre raison. Quelques secondes de plus dans ce taxi volant et elle remettait son déjeuner sur la banquette.

Les deux complices remontent discrètement la rue. C'est presque la campagne, ici. Les maisons sont très distancées l'une de l'autre. Et pas de voisins arrière. Il n'y a que la forêt.

– L'endroit idéal pour garder quelqu'un prisonnier, remarque Patrice.

– Regarde, c'est ici, murmure Maya pour toute réponse.

Elle désigne un petit bungalow à demi caché dans les arbres.

– Oh, chic ! reprend l'enquêteuse. Il y a une voiture. Elle n'est peut-être pas partie.

À l'instant même, Claude Bastien sort du cottage, une valise à la main. Elle se dirige vers l'automobile.

Les deux associés n'ont que le temps de se dissimuler derrière un gros érable. L'infirmière balance sa valise dans la voiture. Elle retourne ensuite sur ses pas et disparaît à l'intérieur du bungalow.

Maya pousse un soupir de soulagement et fait signe à Patrice de la suivre. Ils longent le mur de la maison. Chaque fois qu'ils rencontrent une fenêtre, ils se hissent sur la pointe des pieds pour jeter un coup d'œil à l'intérieur. Ils ont bientôt fait le tour complet de la résidence.

– Nous avons regardé à travers toutes les fenêtres, dit Patrice tout bas. Et même à travers les soupiraux de la cave. Il faut bien se rendre à l'évidence. Ludovic n'est pas ici.

– Je n'y comprends rien, murmure Maya. Il FAUT qu'il soit ici. Il n'y a pas de doute, c'est bien elle la…

Mais l'enquêteuse ne termine pas sa phrase. Elle s'étend brusquement de tout son long dans l'herbe folle.

– Tu te reposeras plus tard, commente Patrice.

– Très drôle, réplique Maya en cherchant le responsable de sa chute. Ah, voilà ! C'est cette fichue… Ah, ah ! Je savais bien qu'il était ici.

– Qui ça ?

– Mais Ludovic voyons ! Regarde cette bille : elle est semblable à celle de l'hôpital. Elle vient du sac que je lui ai donné lundi. Je suis sûre de ne pas me tromper, je n'en avais jamais vu de pareilles avant. Je te gage que c'est Ludovic qui nous indique le chemin.

– Bon, fait Patrice en s'aplatissant auprès de sa collègue, alors suivons les billes. Mais ça ne sera pas facile. Le gazon n'a pas été coupé depuis longtemps.

Les deux complices se mettent à la recherche des boules de verre sous le couvert des arbres. Patrice étouffe bientôt un petit cri.

– Maya. Ici. En voilà une autre.

L'enquêteuse se précipite vers son associé et jette un coup d'œil à sa trouvaille. Elle reprend alors sa recherche, à tâtons.

– Et une autre, là, renchérit-elle.

– On dirait que les billes nous entraînent dans cette direction.

Patrice scrute le couvert sombre des arbres, sous les branches entrelacées.

– Mais c'est la forêt, par là. Bizarre.

Les deux amis avancent à petits mouvements prudents. La pelouse cède sa place à des racines parsemées d'aiguilles de pin. La maison disparaît bientôt derrière la végétation.

– Oh, regarde ! s'écrie enfin Maya. Il y a quelque chose droit devant.

– Ça ressemble à une remise.

– Tu crois qu'on est toujours sur la propriété de Claude Bastien ?

– Aucune idée. Mais les billes de Ludovic montrent le chemin, non ?

– Allons voir.

Maya se relève et court vers la maisonnette ; elle louvoie d'un tronc à l'autre jusqu'à la porte. Une clé est dans la serrure.

– Viens vite, chuchote-t-elle si bas que Patrice devine les mots plutôt qu'il ne les entend.

Le garçon quitte le couvert d'un grand pin. Il accourt aux côtés de sa complice.

La main de Maya tremble un peu pendant qu'elle tourne la clé. Patrice pousse lentement la porte, dans un parfait travail d'équipe. Le battant s'ouvre laissant entendre un grincement de film d'horreur.

Le garçon qui est assis au bureau face au mur opposé, sous l'unique fenêtre, se tourne vers eux. Lorsqu'il les voit, sa mâchoire tombe soudain comme si elle venait de perdre un ressort.

– Ludovic ! s'écrient Patrice et Maya en faisant irruption dans la pièce.

L'étonnement et l'inquiétude se lisent sur le visage du garçon.

– Vite, le presse Maya, courant vers lui. On est venus te chercher. Allez, on s'en va.

– Ce n'est pas sûr, fait Ludovic

Son regard inquiet semble se porter derrière les deux associés.

– Mais…, commence Maya.

Elle n'a pas le temps de poursuivre son idée. Un bruit sourd de chute se fait entendre.

Elle pivote, dans un affreux pressentiment. Patrice est par terre, sans connaissance. Claude se tient à quelques pas derrière Maya, un tampon d'ouate à la main.

– Oui, c'est vrai, on s'en va, dit-elle, un sourire douloureux aux lèvres. Mais vous deux, puisque vous avez voulu venir, vous allez rester.

Maya se penche brusquement pour éviter le tampon d'ouate duquel monte une odeur écœurante. Elle fait ensuite semblant de plonger sur sa gauche.

Claude Bastien se laisse prendre par la feinte et se jette de ce côté. Maya se précipite alors sur sa droite, vers la porte. Toutefois, dans sa hâte d'éviter l'infirmière, elle a oublié le corps évanoui de Patrice.

Son pied s'accroche dans la jambe du garçon. Elle va s'écraser contre le mur.

Avant même qu'elle ait pu se redresser, le tampon humide s'abat sur son nez. L'odeur épouvantable envahit sa gorge et embrouille ses idées.

Elle glisse le long de la paroi, soudain sans résistance. La voix de Claude Bastien lui parvient à travers les brumes de son cerveau.

– Fais de beaux rêves…

Chapitre XII

En terrain glissant

LE BATEAU tangue, roule sur la houle. Maya se tient le visage par-dessus bord, le cœur au bord des lèvres.

– Oh, j'ai le mal de mer ! marmonne-t-elle. Ramenez-moi à terre.

– Tu es à terre, s'impatiente la voix de Patrice. Allez, réveille-toi !

Le garçon la secoue de plus belle. Maya ouvre enfin un œil, puis l'autre.

Ils sont toujours sur le plancher de la remise. Patrice n'a pas l'air trop mal en point, même si son visage est légèrement verdâtre. Claude Bastien et Ludovic ont disparu.

Maya se soulève sur un coude.

– Beurk ! J'ai mal au cœur.

– Oui, je sais. Moi aussi. C'est à cause de ce truc qu'elle nous a fourré sur le nez. Probablement du chloroforme.

Maya s'assoit, découragée.

– Nous avons sûrement été évanouis pendant très longtemps.

Patrice regarde sa montre.

– Six minutes. Ou à peu près. Bizarre. Je croyais que le chloroforme faisait dormir pendant des heures.

– Six minutes ? Ils n'ont peut-être pas eu le temps de partir, alors.

Maya se relève si vite que le cœur lui remonte à la gorge. Elle doit s'appuyer un moment sur l'épaule de son compagnon pour ne pas retomber au sol.

Patrice se remet debout à son tour.

– L'air frais nous fera du bien.

Les deux associés sortent, se soutenant l'un l'autre, tant bien que mal. Ils se dirigent vers la maison en zigzags, tout étourdis.

– Oh ! ça tourne !

– Oui, on dirait que j'ai une toupie dans la tête, grommelle Patrice.

Ils émergent enfin de la forêt. L'automobile est toujours garée devant la résidence.

– Ils sont encore là. Appelle le 911. Cette fois-ci, nous l'avons, notre preuve.

– Ouais.

– On va essayer de retenir Claude en attendant que la police arrive.

Patrice met la main dans sa poche. Un pli se creuse alors entre ses sourcils. Il tapote successivement toutes les poches de son jean, en vain.

– Zut, zut, zut !

– Quoi ? Tu as bien ton cellulaire avec toi, non ?

– Je l'ai oublié dans le taxi.

Le pauvre garçon a l'air penaud, pour une fois.

– Tant pis, se décide Maya. Notre seule chance, maintenant, c'est de tout expliquer à Claude Bastien. Mais il faut se dépêcher avant qu'elle nous saute encore dessus. Je ne tiens pas à retomber dans les pommes, moi.

Les associés atteignent la porte arrière de la maison. Heureusement, elle n'est pas verrouillée. L'infirmière a dû emmener Ludovic de ce côté, tout à l'heure, de manière à passer inaperçue.

Ils entrent sans bruit dans une cuisine proprette. Ils aperçoivent aussitôt Claude Bastien. Elle se dirige vers la porte avant, une valise à la main ; de l'autre, elle entraîne un Ludovic récalcitrant.

– Je ne veux pas. Laissez-moi. J'ai mal à la jambe.

Patrice remarque un téléphone près du comptoir de cuisine. Il saisit le combiné.

– Si vous sortez, j'appelle la police.

L'infirmière fait volte-face, les yeux exorbités d'étonnement.

– Laissez-nous partir, fait-elle, la voix chevrotante. Il le faut.

– Nous avons pris votre numéro de plaque d'auto. Vous serez rattrapés avant d'avoir tourné trois coins de rue.

– Vous devez nous écouter, implore Maya. Nous avons des choses importantes à vous dire.

L'infirmière pose sa valise et lâche la main de Ludovic. Au moment où les deux associés pensent l'avoir convaincue, elle bondit vers eux, sans crier gare.

– Arrêtez ! crie Ludovic. Ne leur faites pas de mal ! Ce sont mes amis.

La femme n'entend plus rien. Elle se rue dans leur direction. Un peu comme un rat qui, acculé au pied d'un mur, attaque. Au moment où elle fait irruption dans la cuisine, cependant, ses yeux s'agrandissent de surprise. Ses pieds sont brusquement projetés dans les airs, pendant que roulent sous elle des dizaines de billes multicolores.

L'infirmière laisse échapper une exclamation de détresse. Elle retombe lourdement sur la céramique du plancher, dans un craquement sinistre.

Ludovic ne peut s'empêcher un geste de victoire.

– Très beau coup, le félicite Patrice.

Maya, la mine ravie, arrête du pied les billes qui roulent jusqu'à elle.

– Décidément, cher associé, je n'ai jamais été si contente de t'avoir acheté un cadeau !

Chapitre XIII

La fin de l'histoire

L'INFIRMIÈRE gémit de douleur.

– Mon bras, mon bras. Je crois qu'il est cassé.

Patrice n'est pas du tout ému.

– Eh bien, vous allez enfin devoir nous écouter, déclare-t-il.

Ludovic les rejoint, sautillant sur sa jambe valide.

– Comment avez-vous fait pour me retrouver ? Et d'abord, qu'est-ce que vous faites ensemble ? Vous êtes amis, maintenant ?

Maya dénote une légère inquiétude dans le ton de Ludovic. Il a sans doute peur d'avoir perdu son statut d'associé nº 1.

– Pas du tout, fait-elle en adressant un clin d'œil complice à Patrice. Ça fait quatre jours qu'il me fait enrager, celui-là.

L'infirmière réussit à s'asseoir, ce qui lui arrache un nouveau cri de douleur. Elle soutient son bras tordu, de l'autre main.

– Je ne comprends pas… Comment… comment avez-vous pu vous réveiller si vite ? Vous auriez dû rester évanouis longtemps.

Ludovic fait entendre une petite toux discrète.

– J'ai vidé les trois quarts du chloroforme dans l'évier, hier, pendant que vous étiez dehors. Je l'ai remplacé par de l'eau. C'est vraiment trop dégueulasse, ce truc. J'en ai encore mal au cœur.

Maya sourit à pleines dents.

– Vous savez, les gars, à nous trois, on fait une fameuse équipe.

– Alors, c'est quoi la suite ? demande Patrice. On appelle les amis Charles et Louis ?

Maya réfléchit un moment. Elle désigne enfin la figure étalée sur le plancher, d'un mouvement du menton.

– Je crois qu'il faut tout lui expliquer, non ? Après nous verrons qui il faut appeler en premier : la police ou le docteur.

– Je voudrais bien rentrer chez moi, commente Ludovic. Mes parents doivent être vraiment inquiets.

– Assurément, approuve Maya.

– Ses parents sont morts tous les deux, grince l'infirmière, les dents serrées par la douleur.

Ludovic devient livide.

– Quoi ?!

– Ne l'écoute pas. J'ai parlé à ta mère ce matin encore. Elle va très bien.

– Ce n'est pas sa vraie mère. Il a été adopté.

Cette fois-ci, Ludovic se laisse tomber sur une chaise.

– Adopté ?

– Tu es le fils de ma sœur Geneviève. Je suis ta tante.

Le regard effaré du garçon va de l'infirmière à Maya, puis se pose à nouveau sur la forme écroulée à ses pieds.

– Ma tante ?

Patrice tape du pied, dans un mouvement d'impatience.

– Mais non, pas du tout. Le fils de Geneviève est mort dans l'accident.

La moutarde commence à monter au nez du principal intéressé.

– Quel accident ? Allez-vous me raconter, à la fin ? Ça fait des jours qu'elle me trimballe comme un sac de linge ; je voudrais bien savoir pourquoi, moi !

Maya jette un coup d'œil à son associé n° 2.

– Tu commences ?

– D'accord… Tu vois, il y a huit ans, Geneviève, sa sœur, a eu un grave accident d'auto. Elle est morte à l'hôpital quelques jours plus tard. Son petit garçon, lui, est décédé sur le coup.

– Mensonges, gronde la femme.

– C'est la vérité.

– J'ai reçu une lettre de ma sœur mourante ; elle avait demandé à un ami de l'écrire pour elle. Son fils est vivant.

– Non, réplique fermement Patrice. C'est ce que les médecins lui ont dit pour ne pas lui faire de peine. Ils savaient qu'elle ne s'en sortirait pas. Cette lettre a été postée par erreur. Et vous l'avez reçue. Ludovic n'est pas son fils.

Ce dernier les écoute attentivement, se tournant vers l'un, puis vers l'autre.

– Son nom est Benjamin, reprend la femme. Et j'ai la preuve irréfutable que c'est bien le fils de Geneviève. Garçon, montre-leur donc…

– … ton pendentif à la griffe de condor, complète Maya.

L'infirmière regarde l'enquêteuse, interloquée.

– Comment sais-tu… ?

Cette fois, Maya parle très doucement. Elle sait qu'elle va causer un terrible chagrin à la pauvre Claude Bastien.

– Nous avons rencontré celui qui a offert le pendentif à Ludovic. Vincent Delarosbil.

La femme fronce les sourcils, faisant un effort de mémoire. Soudain, la lumière se fait.

– Vincent Del… Le gardien ? À l'hôpital ?

– Oui.

– Tu dis qu'il lui a offert… Allons donc !

Maya hoche lentement la tête pour donner le temps à Claude d'assimiler la nouvelle.

– Il était au chevet de votre sœur quand elle est morte. C'est comme ça qu'il a eu le talisman. Il n'a pas voulu le garder pour lui. Alors, il l'a remis à un petit garçon inquiet qui allait se faire opérer pour les amygdales.

La compréhension éclaire soudain les traits de Ludovic.

– Hé, mais c'est moi, ça ! Je m'en souviens très bien, même si j'étais tout petit.

J'avais terriblement peur. Wow ! Il est toujours là, ce monsieur ? Je crois que je vais aller le remercier encore une fois. Si je n'avais pas eu mon porte-bonheur, samedi...

Patrice l'interrompt, l'air goguenard.

– Tu n'aurais pas été kidnappé lundi. Et tu ne serais pas passé à un cheveu de faire ton secondaire en anglais.

Ludovic se gratte la joue.

– Ouais, je n'avais pas pensé à ça.

Un sanglot monte soudain entre les garçons. Claude a enfoui son visage dans ses mains et pleure. Les trois amis se regardent, embarrassés. D'une certaine façon, c'est un peu comme si la sœur et le neveu de la dame venaient de mourir une deuxième fois.

Au bout d'un moment, l'infirmière relève un visage baigné de larmes.

– J'ai appris la mort de Geneviève par l'ambassade canadienne, à Lima. Je revenais dans la capitale péruvienne après un long voyage dans les Andes. Il y avait déjà trois mois qu'elle était décédée.

Maya s'accroupit devant la femme.

– Mais la lettre ?

Claude Bastien respire profondément.

– Je n'ai eu cette lettre que six ans plus tard.

Patrice et Ludovic sifflent entre leurs dents, presque à l'unisson.

– Dis donc !

– Pas fameuse la poste, là-bas !

Maya leur lance un regard noir. Ah ! les garçons ! Ils trouvent toujours le moyen de rigoler au mauvais moment.

L'infirmière reprend son récit. Elle semble à peine les avoir entendus.

– La lettre avait été adressée à la pension où j'habitais, à Lima, mais je suis partie en voyage la veille de son arrivée. Je ne suis jamais retournée chez ces gens. Comme ils n'avaient pas mon adresse, ils ont gardé la lettre. Au cas où je reviendrais un jour. Naturellement, ils ne pouvaient pas savoir à quel point c'était important.

La curiosité chatouille la langue de Ludovic.

– Mais comment l'avez-vous récupérée, alors ?

– J'avais recommandé cette pension à une amie qui se rendait au Pérou, il y a deux ans. Quand elle a montré ma photo aux propriétaires, ils se sont souvenus de moi. Ils lui ont donné la lettre et elle me l'a rapportée.

La femme fait une pause. Elle regarde distraitement un des pieds de la table. Son attention est tournée vers l'intérieur, sur ses souvenirs.

– J'ai été absolument bouleversée. L'ambassade et les policiers m'avaient appris la mort de Benjamin, mais là, naturellement, je n'étais plus certaine de rien. Je suis allée à l'hôpital pour mener mon enquête. J'y ai même accepté un poste. J'espérais rencontrer ceux qui avaient soigné Geneviève et en apprendre davantage. Sauf qu'il y avait eu beaucoup de roulement de personnel. Les médecins et les infirmières qui s'étaient occupés d'elle étaient partis. Plus personne ne pouvait m'en parler.

– Sauf Vincent Delarosbil, fait doucement Maya.

L'infirmière soupire à fendre l'âme.

– Oui ! Seulement, je l'ignorais. Plus le temps passait, plus cette lettre me troublait. Je ressassais sans cesse les mots de ma sœur, dans ma tête. Une nuit, après mon quart de travail, je suis allée fouiller dans la salle des archives. J'ai trouvé le dossier de Binoche avec le rapport de décès, mais il n'y avait rien au nom de mon neveu. C'était étrange.

Patrice s'éclaircit la gorge. Ce qu'il s'apprête à dire est si délicat.

– Benjamin est mort dans l'incendie de l'auto. Son corps a dû aller directement à la morgue.

Les larmes s'agglutinent au bord des paupières de la femme. Elle hoche la tête, pour marquer qu'elle a bien compris. Elle reprend ensuite sa triste histoire :

– La fin de semaine dernière, j'étais de garde lorsque les ambulanciers ont amené Benj… Ludovic. Quand je l'ai déshabillé pour qu'on prenne les radiographies, j'ai vu le pendentif. Vous comprenez, c'est moi qui l'avais envoyé à Binoche. Un chaman péruvien l'avait confectionné pour moi ; ses initiales sont gravées à l'intérieur de la griffe. WH. Wilfredo Huayllacahua. Pour moi, il n'y avait plus de doute.

Le regard de Maya a vagabondé par la fenêtre pendant le récit. La photo d'une jeune femme souriante est posée dans un cadre d'argent, sur le rebord ; elle tient un petit garçon entre ses bras.

– C'est Binoche et Benjamin ?

L'infirmière hoche lourdement la tête.

– Oui. La photo a été prise la veille de mon départ pour le Pérou. C'est la dernière fois que je les ai vus… Ludovic lui ressemble un peu, tu ne trouves pas ?

– C'est vrai.

L'infirmière soupire à nouveau. Un triste sourire se dessine enfin sur ses lèvres.

– Je suis contente que vous soyez intervenus. J'aurais commis une grave erreur.

Ludovic se tortille sur sa chaise. Il attrape une cuillère, sur la table. Il glisse le manche sous son plâtre afin de se gratter la jambe.

– Ouais, une chance pour moi.

L'enquêteuse jette un regard amusé à Patrice, de travers.

– Mais ça nous a pris du temps. Certaines... personnes nous ont lancés sur de fausses pistes.

Patrice fait mine d'être très insulté.

– Pardon. J'avais dit que le ravisseur avait une tache de naissance en croissant de lune sur la cheville. C'est pas vrai, peut-être ?

Maya part d'un grand éclat de rire.

– Tu es très fort.

Le garçon se tourne vers l'infirmière, sous le coup d'une inspiration soudaine.

– Parlant de fausse piste... C'est vous qui avez appelé mon père ?

– Oui, avoue Claude. Ma collègue m'a parlé de la demande de rançon. J'ai décidé d'encourager cette rumeur pour gagner du temps. Votre numéro de téléphone était dans ton dossier, à l'hôpital.

– Pourquoi avez-vous écrit sur le plâtre de Ludovic ? demande Maya.

– Je n'ai pas pu résister. Il dormait. Les yeux fermés, il ressemblait vraiment beaucoup à Binoche. Vous savez… J'avais une sœur, j'avais un neveu… Et maintenant, je n'ai plus personne.

Claude Bastien observe ses paumes vides comme si toute sa famille venait d'en disparaître.

Les trois jeunes échangent des regards désolés. Dans un geste spontané, Ludovic sort le pendentif de son t-shirt. Il l'enlève et va le déposer dans les mains ouvertes de l'infirmière.

– On est là, nous.

Au même moment, le soleil sort d'un gros nuage noir et projette un rayon sur eux. On dirait un signe. Un signe de Binoche que tout est bien.

Chapitre XIV

Des amis à la douzaine

– ALLEZ, vas-y mon gars, souffle fort.
Patrice gonfle ses joues et éteint les douze chandelles d'un seul coup. Tout le monde applaudit l'exploit.

– Bravo. Tu peux faire un vœu, mon grand.

Patrice regarde son père et sa mère. Il ferme les yeux quelques secondes. Puis il les rouvre et sourit à Maya.

– Parfait se réjouit M. Dumouchel. Mimi, allez donc nous chercher des assiettes et la coutellerie. C'est que j'ai faim, moi.

La mère de Patrice fait signe aux invités d'approcher de la grande table nichée au creux des bosquets de fleurs. Il y a là

Ludovic et ses parents, Josée, la cousine de Maya, l'agent Louis et son compère Charles, Vincent Delarosbil et Claude Bastien. Au début, le père et la mère de Ludovic étaient réticents à l'idée de rencontrer l'infirmière. Toutefois, depuis qu'ils ont entendu sa triste histoire, ils ont de la sympathie pour elle.

– Assoyez-vous, assoyez-vous, invite Mme Dumouchel. Je vous sers un peu de mousseux ?

L'enquêteuse en vacances se penche vers Patrice et murmure à son oreille.

– Qu'est-ce que tu as souhaité ? On peut savoir ?

– Oui, chuchote le garçon. J'ai demandé que mes parents continuent à passer plus de temps à la maison.

– On dirait que les choses ont bien changé entre vous, non ?

– Tu parles ! s'exclame tout bas Patrice. Ma mère a annulé trois réunions de club par semaine et mon père n'amène plus de travail à la maison. Tu ne sais pas quoi ! Samedi dernier, on est allés voir un film ensemble. C'était super !

– Ils ont eu la frousse, non ?

Patrice enlève une chandelle et la lèche avant de répondre.

– Quand j'ai disparu de la bibliothèque et que Mimi est rentrée toute seule, ils ont cru à un enlèvement. Je pense qu'ils tiennent à moi, après tout.

– Je te l'avais dit, fait Maya.

– Eh, vous deux ! s'écrie Ludovic, en contournant la table sur ses béquilles pour les rejoindre. Qu'est-ce que vous complotez ?

Maya sourit et fait un clin d'œil à leur nouvel ami.

– Patrice me racontait son vœu.

Ludovic louche vers le gâteau.

– Il devrait plutôt s'occuper de ses invités. Ça me donne faim, moi, les anniversaires.

Maya éclate de rire.

– Ludovic est toujours très ému à la vue d'un gâteau de fête.

– Ben quoi ! dit l'amateur de dessert. C'est fait pour être mangé, non ?

Patrice se met à couper le splendide gâteau. Il dépose les morceaux sur les assiettes que vient d'apporter Mimi. La gouvernante a plaqué un genre de grimace réjouie sur son visage, pour l'occasion.

Ludovic s'assoit et passe les assiettes aux convives. Il fait des efforts surhumains pour ne pas en piquer une bouchée ici et là.

– Regarde Vincent et Claude, lui dit Maya. Je crois que ces deux-là s'entendent vraiment très bien.

L'infirmière et le gardien sont assis à l'autre bout de la table. Ils se parlent tout bas. On dirait presque qu'ils échangent des secrets. Soudain, Claude s'esclaffe.

– C'est la première fois que je la vois rire, remarque Ludovic. Ça lui va bien.

– Elle finira par être heureuse, prédit Maya. Je suis certaine que Binoche y verra.

Patrice essuie le couteau sur le bord du plat de service.

– Et Vincent aussi, je pense, ajoute-t-il.

Il ne reste plus qu'un énorme morceau de gâteau et Ludovic est le seul à ne pas être servi. Le garçon s'en lèche déjà les babines. Il tend son assiette. À ce moment, toutefois, on entend une pétarade. Quelques secondes plus tard, une vieille Datsun apparaît dans l'allée. Elle vient se garer bruyamment à côté de la Jaguar des Dumouchel dans le stationnement près de l'étang. Les canards en font presque une syncope !

– Oh, super ! C'est Antoine, s'exclame Patrice. Je lui coupe du gâteau.

Patrice tranche le dernier gros morceau en deux. Il pose une assiette devant Ludo-